Inhalt

Inhalt

Anmerkung der Redaktion

Wir haben des besseren Leseflusses halber im Text in der Regel die männliche Form der Anrede gewählt. Selbstredend sind damit auch alle Schülerinnen, Lehrerinnen, Teilnehmerinnen usw. gemeint.
Wir bitten für diese Regelung um Ihr Verständnis.

Seit 1978 arbeite ich als Schulsozialpädagogin in Haupt-,Real- und Gesamtschulen Hamburgs.

Meinen ersten Arbeitstag werde ich nicht vergessen. Ich kam in eine Haupt- und Realschule, die in einem gewachsenen Arbeiterviertel Hamburgs angesiedelt war. Dort sollte ich nun Schulsozialarbeit praktizieren. Selbst noch recht unerfahren in diesem Arbeitsbereich, wurde ich vom Schulleiter gebeten, während einer Lehrerkonferenz zu berichten, was denn eigentlich Schulsozialarbeit sei und welche Arbeitsansätze ich verfolgen wolle. Brav erzählte ich, dass die Schulsozialarbeit ein neues Arbeitsfeld der Jugendhilfe sei und dass ihr Ziel darin bestehe, so genannten Schulversagern zu einem erfolgreichen Schulbesuch zu verhelfen.

In der Haupt- und Realschule setzte ich zunächst die Soziale Einzelhilfe und später die Soziale Gruppenarbeit ein, die klassischen Bereiche der Schulsozialarbeit. Im Rahmen der Sozialen Einzelhilfe werden Kinder mit Schulschwierigkeiten individuell betreut, im Rahmen der Sozialen Gruppenarbeit erfolgt die Betreuung in Kleingruppen.

Sehr schnell wurde mir klar, dass mit diesen beiden Arbeitsmethoden zu wenige Kinder erreicht werden können. In sozialer Einzelhilfe oder Sozialer Gruppenarbeit erfolgreich betreute Schüler reagierten nach ihrer Rückkehr in den Klassenverband wieder mit Verhaltensauffälligkeiten, weil sie auf Grund der Erwartungen ihrer Mitschüler und des dazugehörigen Gruppendrucks in ihre „alte" Rolle gedrängt wurden. Sie bekamen keine Chance, neu erworbenes adäquates Rollenverhalten zu zeigen, weil – verständlicherweise – kein anderes Kind die frei gewordene „Negativrolle" im Klassenverband übernehmen wollte und andererseits diese Rolle nicht einfach „überflüssig" geworden war.

Ich stellte mir die Frage, durch welche Arbeitsmethoden Schulsozialarbeit die Einrichtung Schule bei der Erfüllung ihres Erziehungsauftrages effektiver unterstützen kann. Wenn man berücksichtigt, dass neben Intelligenz und Begabung eine Reihe weiterer Variablen den erfolgreichen Schulbesuch bedingen, dass eine Korrelation zwischen Lernstörungen und Verhaltensauffälligkeiten besteht und dass schulische Faktoren (z.B. die Lehrer-Schüler-Interaktion und die Schüler-Schüler-Interaktion) an der Entstehung von Schulschwierigkeiten beteiligt sind, scheint es notwendig, nicht nur auf Einzelne oder Kleingruppen, sondern auch schulsozialpädagogisch auf den gesamten Klassenverband einzuwirken.

Gene Stanford (Gruppenentwicklung im Klassenraum und anderswo, München 1982) sowie Klaus W. Vopel (Interaktionsspiele für Kinder, Teil 1–4, Isko-Press Verlag) bieten hierfür wertvolle, unverzichtbare Anregungen.

Zudem eröffnete mir ein mutiger Klassenlehrer die Möglichkeit, gemeinsam mit ihm das „Abenteuer" der Initiierung der Gruppenentwicklung in

der von ihm betreuten Klasse einzugehen. Während dieser Zusammenarbeit lernte ich die Arbeitsziele der Schulpädagogen kennen. Ich erfuhr u.a., dass die „Didaktik und Methodik des Unterrichts" produktorientiert ist: Was in erster Linie zählt, ist ein „richtiges" oder „ansprechendes" Arbeitsergebnis.

Erinnern Sie sich z.B. an die letzte Aufführung, die Ihre (Lern-)Gruppe öffentlich vorgetragen hat? Die meisten von Ihnen waren vermutlich aufgeregter als die Vorführenden selbst. Dem „Produkt" wurde applaudiert – doch hat ein Zuschauer geahnt, welche Mühe und Kraft Sie auf die Vorbereitung verwendet haben, wie sehr Sie „die Zügel" in Ihrer (Lern-)Gruppe in der Hand behalten mussten, damit am Ende ein vorzeigbares Arbeitsergebnis entstehen konnte?

Sicher wäre es für alle Beteiligten leichter und effektiver gewesen, wenn die Verantwortung für das Lernen, das Verhalten und das Ergebnis aufgeteilt worden wäre, sodass sich tatsächlich alle hätten verantwortlich fühlen können.

Um zu einer Aufteilung der Verantwortung im Unterrichtsalltag zu kommen, ist es jedoch eine Voraussetzung, die soziale Kompetenz der Kinder zu schulen und auf den gruppendynamischen Prozess der (Lern-)Gruppe Einfluss zu nehmen.

Wenn sich Schulsozialarbeit „positiv auf den Verhaltens- und Motivationsbereich der Schüler und Lehrer auswirken und zu einer Reform der

Schule im Sinne einer Humanisierung und Demokratisierung beitragen"
soll, wie es W. Wulfers in dem Band „Schulsozialarbeit", Hamburg 1992,
formuliert, dann muss sie ihr Augenmerk auch auf den Unterrichtsalltag
richten.

Schulsozialarbeit im Unterricht schafft Möglichkeiten,
- **übereinander zu lernen:** sich kennen zu lernen, um die Angst voreinander zu verlieren und vertrauensvolle Beziehungen aufzubauen;
- **voneinander zu lernen:** eigene Fähigkeiten kennen zu lernen und
  Fähigkeiten der anderen zu akzeptieren und zu nutzen;
- **miteinander zu lernen:** Teamarbeit auf der Grundlage demokrati-
  scher Prinzipien zu praktizieren.

Im Vordergrund eines entsprechend initiierten gruppendynamischen Pro-
zesses stehen die Förderung der sozialen Kompetenz und die Entwicklung der Gruppe selbst, um Akzeptanz, Partizipation, Kommunikations-,
Konflikt-, Entscheidungsfähigkeit, Verantwortung für sich selbst und die
anderen sowie eine erfolgreiche Rollenausgestaltung aller Gruppenmitglieder und gelebte Solidarität in der Gruppe zu erreichen.
Die Ergebnisse/Produkte, die eine in dieser Weise geschulte Gruppe erzielt, sind bemerkenswert. Ebenso bemerkenswert ist die Schullust, die
die so ausgebildeten Gruppenmitglieder zeigen.
Schüler, die dennoch aus diesem angeleite-
ten Prozess herauszufallen drohen,
werden individuell (Soziale Einzelhilfe) betreut. Die Praxis zeigt,
dass in der Regel für 3 bis 5
Kinder pro (Lern-)Gruppe, die
25 bis 28 Gruppenmitglieder
umfasst, eine Förderung im
Rahmen der Sozialen Einzelhilfe
sinnvoll ist. Ein Verbleib dieser
Kinder in der jeweiligen Gruppe
ist die Regel.

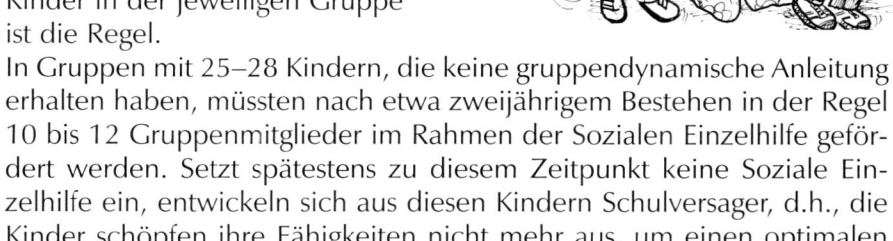

In Gruppen mit 25–28 Kindern, die keine gruppendynamische Anleitung
erhalten haben, müssten nach etwa zweijährigem Bestehen in der Regel
10 bis 12 Gruppenmitglieder im Rahmen der Sozialen Einzelhilfe gefördert werden. Setzt spätestens zu diesem Zeitpunkt keine Soziale Einzelhilfe ein, entwickeln sich aus diesen Kindern Schulversager, d.h., die
Kinder schöpfen ihre Fähigkeiten nicht mehr aus, um einen optimalen

Schulabschluss zu erreichen, sondern sie arbeiten gegen die Schule und die anderen Gruppenmitglieder.

Ziel der folgenden Ausführungen ist es, die schulsozialpädagogische Praxis darzustellen, mit der ich heute versuche, die in der Schule tätigen Kolleginnen und Kollegen dabei zu unterstützen, „dem Schüler [zu] helfen, seine Fähigkeiten und Neigungen zu entwickeln, selbständig zu denken, zu urteilen und zu handeln sowie sein Leben in eigener Verantwortung und zugleich Staat und Gesellschaft verpflichtet zu führen." (Schulgesetz der Freien und Hansestadt Hamburg, 17. Oktober 1977, Paragraph 2, Erziehung und Bildungsauftrag der Schule, Absatz 1)
Ich entwickelte im Verlauf einer gut 15-jährigen Praxis verschiedene Arbeitsbereiche, die heute arbeitsteilig von einem Beratungsteam wahrgenommen bzw. koordiniert werden.
Dem Beratungsteam gehören drei Beratungslehrer mit je acht Lehrerwochenstunden, eine Schulpsychologin mit sechs Wochenarbeitsstunden und eine Sozialpädagogin mit 38,5 Wochenarbeitsstunden an.

Schulsozialarbeit im Beratungsdienst einer Gesamtschule

Öffnung von Schule und Mitarbeit an der Gestaltung von Schulleben

Innerunterrichtliche Tätigkeiten	Außerunterrichtliche Tätigkeiten
☞ Projekt „Soziales Lernen"	☞ Soziale Einzelhilfe
☞ Durchführung von Unterrichtsprojekten	☞ Soziale Gruppenarbeit
☞ Krisenintervention	☞ Soziometrie
	☞ Lehrergruppenarbeit/ Lehrerfortbildung
	☞ Anleitung von Praktikanten der FHS
	☞ Elternarbeit
	☞ Drogenprävention
	☞ Krisenintervention
	☞ Aktive Pause
	☞ Berufsorientierung
	☞ Schullaufbahnberatung
	☞ Zusammenarbeit mit schulischen Gremien
	☞ Teilnahme an Konferenzen
	☞ Stadtteilarbeit (Stadtteilkonferenz, AK-Stadtteilkultur)
	☞ Pädagogischer Mittagstisch (Koordination)
	☞ Psychomotorik für Schüler

Meine schulsozialarbeiterische Tätigkeit konzentriert sich im Wesentlichen auf drei Bereiche:

1. Sozialpädagogische Arbeit mit dem Klassenverband (Großgruppe) in Form des Projektes „Soziales Lernen" in Jahrgang 5/6 oder Klasse 5/6.
2. Sozialpädagogische Arbeit mit einzelnen Kindern in Form von sozialer Einzelhilfe (SEH).
3. Arbeit im Stadtteil in Form eines kulturellen und parteipolitisch unabhängigen, aber durchaus politischen Arbeitskreises:
   (a) Arbeitskreis Stadtteilkultur
   (b) Stadtteilkonferenz.

Die folgende Praxisbeschreibung wird sich auf die Eckpfeiler „Sozialpädagogische Arbeit mit dem Klassenverband" in Form des Projektes „Soziales Lernen" und „Sozialpädagogische Arbeit mit einzelnen Kindern (SEH)" beziehen. Dabei ist es unerheblich, in welchen Schulformen diese Arbeitsbereiche umgesetzt werden. Schulsozialarbeit ist in Förderschulen ebenso hilfreich wie in Gymnasien, Gesamtschulen, Haupt- und Realschulen, in Grundschulen oder in Vorschulklassen.

Jeder Pädagoge kennt die Schwierigkeiten, die eine Klasse/Gruppe sich selbst, also jedem einzelnen Kind, und uns, die wir mit ihr zusammenarbeiten, machen kann – Schwierigkeiten, die das Arbeits- und Sozialverhalten beeinträchtigen, die das Unterrichten bisweilen erschweren oder sogar unmöglich machen können.

Der Schulerfolg der Schüler sowie die Arbeitsmotivation der Lehrer können unter diesen Bedingungen erheblich leiden. Die Praxis zeigt, dass es hilfreich ist, schulsozialpädagogisch auf den gesamten Klassenverband einzuwirken, wenn Sie die Konsequenzen eines negativen Arbeits- und Sozialverhaltens vermeiden wollen.

Wird eine Schulklasse nicht gefördert und können sozialintegrative Werte und Normen nicht dauerhaft eingeführt werden, dann muss man davon ausgehen, dass die Gruppe sich selbst Regeln setzt und eine Eigendynamik entwickelt, die späterhin nur sehr schwer rückgängig zu machen ist. Sie wird in einem erheblichen Maße das schulische Lernen beeinträchtigen.

Wir sollten davon ausgehen, dass jedes Kind mit seinen Mitschülern und Lehrern zurechtkommen will. Wie aber erreichen Kinder dies, wenn doch die eigene Bedürfnisbefriedigung häufig dem Wunsch nach Harmonie entgegenwirkt und nur mittels irgendeiner Form von Gewalt erreichbar scheint? Wer unterstützt die Kinder bei ihren mühsamen Versuchen, sich in die Klassengemeinschaft zu integrieren? Wer klärt mit ihnen die Konflikte, die zwangsläufig auftreten, wenn so viele Menschen tagtäglich „miteinander auskommen" sollen? Wer formuliert die Werte und Normen, nach denen sie sich richten sollen, und wer achtet konsequent auf deren Einhaltung? Wer setzt sich dafür ein, dass kein Kind aus der Klassengemeinschaft ausgestoßen wird?

Kurzum: Wer zeigt den Kindern, wie sie sich in der Klassengemeinschaft verhalten sollen, um ein relatives Gleichgewicht zwischen der eigenen Bedürfnisbefriedigung und dem Bedürfnisverzicht zu erreichen, damit nicht dauerhaft schwelende Konflikte die Energie für das schulische Lernen entziehen?

Gruppenentwicklung einer Schulklasse

Jede Schulklasse bildet eine Gruppe mit spezifischen Merkmalen. Sie unterscheidet sich z.B. von einer Sportgruppe: Sie hat sich nicht freiwillig gefunden; der Aufenthalt in der Schule ist Pflicht; die Schüler bearbeiten Unterrichtsstoff, den sie sich zumeist nicht selbst ausgewählt haben; die

Arbeitsergebnisse werden in Form von Berichten oder Noten bewertet und vieles andere mehr.

Dennoch durchläuft jede Schulklasse die Entwicklungsphasen, die jede Gruppe beim Prozess des Zusammenwachsens erfährt.

Nach Lowy/Bernstein (Untersuchungen zur sozialen Gruppenarbeit, Lambertus Verlag 1969) sind dies: A: Voranschluss/Orientierung,
                      B: Machtkampf/Kontrolle,
                      C: Vertrautheit/Intimität,
                      D: Trennung.

A: In der Voranschluss-/Orientierungsphase machen die Kinder sich zunächst mit den Räumlichkeiten der Schule, mit den Lehrern und ihren Erwartungen an die Kinder und natürlich mit den Mitschülern vertraut.

B: Die Phase des Machtkampfes und der Kontrolle unterliegt den Fragen und Taten nach Durchsetzungsmöglichkeiten und Unterordnungspflichten bezüglich der Mitschüler und der Lehrer.

C: Vertrautheit/Intimität kann erst entstehen, wenn die Machtkämpfe abgeschlossen sind und jedes Kind eine Position im Gruppengefüge eingenommen hat. Dabei ist von großer Bedeutung, wie die Kinder miteinander umgehen. Sozialintegrative Werte und Normen sowie die dazugehörigen Verhaltensweisen zeichnen diese Phase aus.

D: Irgendwann geht jede Gruppe auseinander. Sie sollte sich Zeit für die Trennungsphase nehmen. Wenn die Trauer über den Abschied ausreichend verarbeitet wird, können sich die Gruppenmitglieder relativ unbelastet neuen Erfahrungen zuwenden.

Die Praxiserfahrungen zeigen, dass viele Schulklassen nicht über die Phase des Machtkampfes und der Kontrolle hinauskommen. Wie sollte dies auch gelingen? Es fehlt den Kindern oftmals das Wissen über ein angemessenes Sozialverhalten und häufig auch der Mut, dieses Wissen in der Gruppe anzuwenden.

Kinder, die sozialintegratives Verhalten zeigen, werden zu Beginn der Gruppenentwicklung nicht unbedingt von der Gruppe akzeptiert. Ich erlebe es immer wieder, dass gerade diese Kinder zunächst von der Klassengemeinschaft eher abgelehnt als angenommen werden.

Die „Hau-drauf-" und „Schrei-laut-Mentalität" steht häufig höher im Kurs als das Aushandeln von Regelungen, die dem Zusammenleben in einer Gruppe zuträglich sind. Was können Sie dazu beitragen, damit auch „schwierige" Klassen Fähigkeiten erwerben, die es ihnen ermöglichen, sozial verantwortlich miteinander umzugehen?

Wenn Sie als externe Kraft mit der Klasse arbeiten, sollten Sie den Kontakt zum Klassenlehrer herstellen. Ohne seinen Zuspruch und seine Mitarbeit kann das Projekt „Soziales Lernen" nicht durchgeführt werden.

Ich habe das „Soziale Lernen" in den Klassenstufen 5 und 6 mit je zwei Wochenstunden durchgeführt. Daneben wurde eine weitere Stunde für die Koordination mit dem Klassenlehrer benötigt, zur Vor- und Nachbereitung, zwecks Absprachen und der Arbeitsaufteilung für die Betreuung einzelner Schüler.

Sinnvollerweise sollten Sie einige Zeit, etwa vier Wochen nach Schuljahresbeginn, mit ihrer Arbeit in der Klasse beginnen. Lehrer und Klasse haben sich bereits kennen gelernt, Namensspiele bzw. erste Kennenlernübungen durchgeführt und vermutlich schon ein Vertrauensverhältnis aufgebaut. Wenn Sie extern mit den Kindern arbeiten, soll der Lehrer an allen ihren Übungen teilnehmen. Lassen Sie dann zu keinem Zeitpunkt ihrer Tätigkeit einen Zweifel darüber entstehen, dass der Hauptansprechpartner für die Kinder der Klassenlehrer ist.

Ziele des Projektes „Soziales Lernen"
Ziel des Projektes „Soziales Lernen" ist es, die Gruppenentwicklung innerhalb einer Klasse zu fördern, die soziale Kompetenz der Schüler zu steigern und die Arbeitsproduktivität der Klasse zu erhöhen.

Klassen, die die Gruppenentwicklung im Rahmen des Projektes erfahren haben, zeigen folgende Merkmale (vgl. Gene Stanford, S. 13):
- ⊙ Die Gruppenmitglieder verstehen und akzeptieren sich gegenseitig.
- ⊙ Die Kommunikation ist offen.
- ⊙ Die Gruppenmitglieder fühlen sich für ihr Lernen und Verhalten verantwortlich.
- ⊙ Die Gruppenmitglieder kooperieren miteinander.
- ⊙ Die Gruppenmitglieder können Arbeitsaufgaben in Groß-/Kleinteams lösen.
- ⊙ Müssen Entscheidungen getroffen werden, gibt es festgelegte Verfahrensregeln.
- ⊙ Die Gruppenmitglieder sind fähig, sich offen mit Problemen auseinanderzusetzen und ihre Konflikte auf konstruktive Weise zu lösen.

Die nachfolgend beschriebene Arbeit in der Klasse verläuft nach einem 4-Phasen-Modell, das sich an dem Gruppenentwicklungsmodell von Lowy/

Bernstein und insbesondere an Gene Stanfort (Gruppenentwicklung im Klassenraum und anderswo, Aachen-Hahn, 2.Aufl. 1991) orientiert:

    A: Orientierung,
    B: Normenfindung,
    C: Produktivität,
    D: Auflösung.

In jeder Gruppenentwicklungsphase werden der Klasse spezifische Lerneinheiten angeboten, deren jeweilige Durchführung mindestens 45 Minuten beansprucht.
Natürlich können die nachfolgend aufgezeigten Übungen durch weitere Angebote ergänzt werden. Ob eine Ergänzung sinnvoll ist, hängt von der jeweiligen Gruppensituation ab.

Es ist ratsam, sehr behutsam mit allen gruppendynamischen Übungen umzugehen. Ich habe einmal eine Übung in der Phase „Normenfindung" durchgeführt, bei der die Kinder nach einem vorgegebenen Ritual ermitteln sollten, welche Führungspositionen Gruppenmitglieder einnahmen. Ein Kind wurde während dieser Übung überhaupt nicht beachtet. Dieses Kind war so traurig, dass es intensiver Gespräche bedurfte, um diese Enttäuschung aufzuarbeiten.

Notwendige Vorbemerkungen

Es ist unbedingt notwendig, mit der Gesamtgruppe nach Abschluss einer jeden Übung ein Gespräch zu führen. Ich frage die Gruppenmitglieder, wie ihnen die Übung gefallen hat, ob ihnen irgendetwas peinlich war und ob ihnen etwas an den Teilnehmern aufgefallen ist.
Natürlich finden die Gesprächsergebnisse in den sich anschließenden Übungen ihre Berücksichtigung. Kein Übungsteilnehmer wird gezwungen, etwas zu tun, was er nicht will! Jedoch müssen alle Übungsteilnehmer in die Übungen integriert werden. Das erfordert von Ihnen als Übungsleiter viel Geschick. Sie müssen bei jeder Übung den Gruppenmitgliedern die Möglichkeit der Teilnahme eröffnen, indem Sie Alternativaufgaben anbieten. Bei der ersten Übung gibt es einen Zeitstopper und Impulsgeber. In der zweiten Übung gibt es jemanden, der Kinder unter der Decke versteckt usw.
Sie können Übungsteilnehmer, denen die Teilnahme an einer Übung Unbehagen bereitet, als Beobachter einsetzen, die am Ende der Stunde ihre Kommentare abgeben. Sollte sich ein Übungsteilnehmer absolut weigern, irgendwelche Aufgaben zu erfüllen, liegt diesem Verhalten in der

Regel ein Konflikt zugrunde. Sie müssen den Konflikt lösen, bevor es weitergehen kann. Tun Sie das nicht, werden sich dem „Verweigerer" schnell „Mitläufer" anschließen, die einfach keine Lust zur Teilnahme haben, weil die Übungen nicht nur spaßig, sondern zunehmend anstrengend für die Gruppenmitglieder sind. Häufig vollzieht sich eine derartige Entwicklung (Verweigerer/Mitläufer) innerhalb weniger Augenblicke. Brechen Sie dann die Übung ab. Nutzen Sie die Zeit zur Konfliktklärung.

Sehr selten habe ich erlebt, dass ein Übungsteilnehmer zu Beginn des Projektes Konflikte mit mir hatte. Wie sollte es auch möglich sein, wenn überhaupt noch keine Zeit vorhanden war, einander kennen zu lernen. Trotzdem passiert es manchmal. Beispielsweise schrieb ein Kind anlässlich der Übung „Angst und Freude in der Schule" (vgl. S. 43) auf sein Blatt Papier, dass es mich und das Soziale Lernen bescheuert fände und dass es von alledem überhaupt nichts mehr wissen wolle. Auf meine Nachfragen erhielt ich keinerlei Auskunft, sondern nur den Hinweis, dass das Gruppenmitglied lieber Mathe machen wolle als Soziales Lernen.
Nun gut, das Kind saß in einem Nebenraum und rechnete fortan in den Stunden, in denen die Gesamtgruppe Soziales Lernen hatte. Allerdings setzte ich mich mit den Eltern des Kindes in Verbindung. Hier erfuhr ich, warum das Kind sich so und nicht anders verhalten hatte: Es hatte schlechte Erfahrungen gemacht mit einer Lehrerin, die mir äußerlich ähnlich ist. Außerdem erhielt ich Einblick in die Familienproblematik, derer ich mich annahm (Alkoholismus, häufig wechselnde Bezugspersonen).
Das hatte zur Folge, dass sich das zunächst verweigernde Kind wieder der Gesamtgruppe und dem Sozialen Lernen anschloss und sich bei mir entschuldigte. Alle Übungsteilnehmer stellten fest, dass ein „Fehlverhalten" Ursachen hat, die sehr persönlicher Natur sein können. Die Übungsteilnehmer folgerten in einem Gespräch, dass sie noch besser miteinander auskommen und mehr Toleranz entwickeln könnten, wenn sie noch offener als bisher miteinander sprechen würden. Inhaltlich bedeutet dies: einander mitzuteilen, was man an den Gruppenmitgliedern mag und welche Eigenschaften als hilfreich erlebt werden; aber auch zu sagen, was man aneinander nicht mag und welche Eigenschaften als störend oder hemmend empfunden werden.
An dieser Stelle lassen sich in der Regel gut die Feedback-Übungen anschließen. Für die Umsetzung von Feedback-Übungen muss man jedoch den „richtigen" Zeitpunkt finden. Die Gruppenmitglieder müssen bereits vertrauensvolle Beziehungen zueinander aufgebaut haben, um Kritik geben und annehmen zu können. Es ist auch von Bedeutung, dass

sie in der Lage sind, einander zuzuhören und sich positives Feedback zu geben, wenn dies von ihnen gewünscht wird.

Meistens biete ich nach den Vertrauensübungen (11.–21. Übungsstunde) die Einführung in die Gruppenarbeit an. Dabei ergibt sich mit Sicherheit der „richtige" Zeitpunkt für die Umsetzung von Feedback-Übungen. Nach Abschluss der Übung „Bildergeschichte" lassen sich die Feedback-Übungen sehr gut durchführen.

a Praktische Übungen in der Orientierungsphase

Die nachfolgenden Übungen für diese erste Phase sind gruppendynamische Übungen für die Großgruppe, die dem Kennenlernen und
der Vertrauensbildung dienen.

 ## 1. Übungsstunde

A + B: Händeticken

Vorstellung der Person und des Lernangebotes

Wenn Sie den Klassenraum betreten, werden Sie vermutlich zwei unterschiedliche Situationen kennen lernen:

A Es sitzen nicht alle Schüler auf ihren Plätzen. Einige laufen noch durch
den Klassenraum, spielen Fangen oder raufen sich, andere sind ins Gespräch vertieft. Die Schüler nehmen vorerst keine Notiz von Ihnen.

B Die Schüler sitzen ruhig auf ihren Plätzen. Sie sind auf Sie und Ihren
Lernstoff gespannt; sie warten ab.

Gruppe A und Gruppe B

Die nun folgenden Ausführungen gehen auf beide Möglichkeiten ein. Die
abwartenden Schüler bezeichnen wir im Folgenden als „Gruppe B", die
Schüler, die vorerst keine Notiz von Ihnen nehmen, sind „Gruppe A". Die
„Gruppe A" ist sicher die interessantere für Ihre Arbeit.

Gruppe A:

Sie betreten den Klassenraum. Die Schüler sitzen nicht auf ihren Plätzen.
Sie laufen durch den Raum, spielen Fangen oder raufen sich. Kein Schüler
will seine momentane Aktivität abbrechen und mit der Unterrichtsarbeit
beginnen. Gehen Sie ohne ein Begrüßungswort zur Tafel (das würde oh-
nehin kaum jemand wahrnehmen) und zeichnen Sie eine Tabelle an.
Sitzen die Schüler an Gruppentischen, gilt dabei folgende Tabelle:

Tafeltabelle

vorne rechts Gruppe 1	hinten rechts Gruppe 2	vorne Mitte Gruppe 3	hinten Mitte Gruppe 4	usw.
AR				

(AR = Arbeitsruhe)

Die Zuordnung von Nummern zu den Gruppentischen erfolgt folgendermaßen: In jeder Klasse ist der erste Tisch vorne rechts die Nr. 1, der dahinter
stehende die Nr. 2, der Gruppentisch vorne Mitte die Nr. 3, der dahinter
stehende die Nr. 4, der Tisch außen links die Nr. 5 und der dahinter
stehende die Nr. 6.

Wenn die Schüler nicht an Gruppentischen sitzen, gilt folgende Tabelle:

	Klasse	
	+	-
AR		

(AR = Arbeitsruhe)

Nach Aufzeichnen der Tabelle notieren Sie in Abständen von 5 Sekunden entweder ein „+" oder ein „-" in die entsprechende Spalte des Tafel-
bildes. Das „+" steht für eine gute Arbeitsruhe (AR), das „-" für eine
mangelhafte. Plus und Minus kennen die Kinder aus der Bewertung ihrer
Arbeiten, das Kürzel AR natürlich noch nicht.
Je mehr Minuszeichen die Kinder sammeln, umso neugieriger werden
sie auf die Auflösung ihrer Frage, was die Tabelle denn eigentlich soll.
Ich habe es bisher immer erlebt, dass eine fünfte Klasse, in der ich die
Tabelle angewendet habe, zur Ruhe kommt.
Allerdings ist es wichtig, dass Sie nicht auf Zwischenfragen reagieren,
bevor der Lautstärkepegel auf 0 gesunken ist. Erst wenn absolute Stille
eingekehrt ist, sollten Sie (per Handzeichen angemeldete) Fragen nach
der Tabelle beantworten und betonen, dass diese Tabelle die Klasse in
Zukunft begleiten wird. Sie zeigt an, wann aus Ihrer Sicht eine gute Arbeitsruhe hergestellt ist – und die ist notwendig, um sich verständigen zu
können.
Die Plus- und Minuszeichen werden täglich gesammelt, in Ihr persönliches „Klassenbuch" übertragen und gehen später in den Zeugnisbericht
ein, den der Klassenlehrer anfertigen wird.

Nun können Sie sich vorstellen. Informieren Sie die Kinder über Ihre Person, wie alt Sie sind, wo Sie wohnen und was die Kinder sonst noch über
Ihre Person wissen wollen. Erläutern Sie Ihr Lernangebot und sagen Sie den
Kindern, dass Sie ihnen, gemeinsam mit dem Klassenlehrer, behilflich
sein wollen, eine wirklich gute Klassengemeinschaft zu werden. Zu diesem

Zweck gibt es Übungen (keine Spiele!), die Sie gemeinsam durchführen. Noch während der gesamten Vorstellung sollten Sie die Tabelle führen, mit Markierungen in zeitlichen Abständen von etwa 30 Sekunden. Die anfänglich hohe Anzahl von Minuszeichen wird in der Regel aufgehoben durch die vielen Pluszeichen, die die Kinder während Ihrer Vorstellungsrunde erzielen, weil sie sich angemessen verhalten.

Das verschafft den Kindern Mut und den Eindruck, dass Sie nicht nur „bestrafen", sondern auch loben.

Die erste Übung „Händeticken" ist in den Gruppen A und B gleich.

A + B: Händeticken

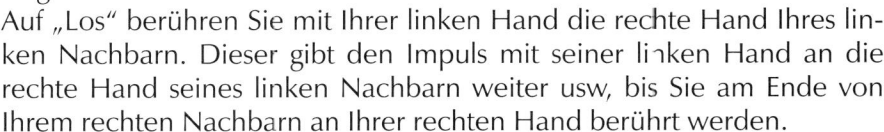

Material: Stoppuhr

Übungsbeschreibung:
Die Klasse sitzt in einem engen Stuhlkreis.
Alle Übungsteilnehmer winkeln die Arme an und strecken die Hände nach vorn, die Handflächen zeigen nach unten.
Auf „Los" berühren Sie mit Ihrer linken Hand die rechte Hand Ihres linken Nachbarn. Dieser gibt den Impuls mit seiner linken Hand an die rechte Hand seines linken Nachbarn weiter usw, bis Sie am Ende von Ihrem rechten Nachbarn an Ihrer rechten Hand berührt werden.

Variante:
Der Berührungsimpuls verläuft in unterschiedlicher Richtung, z.B. mal rechts-, mal links-, dann wieder rechts- und anschließend sofort linksherum.

Übungsverlauf:
Diese Übung wäre gewiss langweilig, wären nicht zwei Informationen eingebaut. Zum einen wird die Übung auf Zeit durchgeführt. Der Teilnehmer mit der Stoppuhr sitzt in der Stuhlkreismitte. Zum anderen können Sie mit einem Trick die Motivation wecken: Sagen Sie den Kindern,

dass die 8. Klasse für die Übung 12 Sekunden benötigt hat. Das verschafft allen den notwendigen Ehrgeiz – und Ihnen die Möglichkeit einer recht guten Beobachtungsgrundlage.

Wenn Sie beobachten, dass ein Schüler seinen Nachbarn nicht berührt, sondern schlägt, ist es Zeit, die erste Norm einzuführen: „Schlagen ist bei dieser und anderen Übungen nicht gestattet. Außerdem ‚kostet' das Schlagen zu viel Zeit und wir verlieren gegen die 8. Klasse."
Wenn Sie hören, dass ein Schüler andere Übungsteilnehmer beschimpft und/oder beleidigt, sollten Sie die 2. Norm einführen: „Beschimpfungen und Beleidigungen sind bei dieser und anderen Übungen nicht gestattet. Sie sorgen nur dafür, dass wir uns häufig streiten."
Sie können einen besonders groben Schüler dadurch einbinden, dass er die Aufgabe bekommt, die Stoppuhr zu betätigen. Wenn er sie meistert, erfährt er die Anerkennung durch die anderen Übungsteilnehmer. Auch bei ängstlichen Schülern hat sich diese Aufgabe bewährt. Ohne es recht zu merken, steht das Kind im Mittelpunkt des Geschehens und erfährt, dass dies so Furcht erregend gar nicht ist.
Natürlich besiegt die 5. Klasse die fiktiv genannte 8. Klasse, was mit einem ohrenbetäubenden Jubel aller einherzugehen pflegt. Die Kinder freuen sich auf die nächste Übung in der 2. Stunde. Zuvor aber sollten sie das Aufbauen des Stuhlkreises üben.

Gruppe B
Ihre persönliche Vorstellung sollte in Gruppe B genauso verlaufen wie in Gruppe A, nur dass Sie auf die Tabelle an der Tafel verzichten können.
Die Übung „Händeticken" wird im Anschluss durchgeführt. Da mehr Zeit

zur Verfügung steht, weil kaum Störungen auftreten, können Sie die Übung stärker variieren, indem der Berührungsimpuls mal rechts-, mal links-, mal rechts- und sofort wieder linksherum weitergegeben wird. Die Nor-

men „Schlagen ist bei dieser und anderen Übungen nicht gestattet" sowie „Beschimpfungen und Beleidigungen sind bei dieser und anderen Übungen nicht gestattet" werden hier ebenfalls eingeführt. Die Einführungen der Normen erfolgt in beiden Gruppen während einer Übungsunterbrechung. Es ist wichtig, auf die Einhaltung beider Normen peinlich genau zu achten. Geschieht dies nicht, schlussfolgern die Schüler, dass Ihnen die Normeneinhaltung letztlich nicht wichtig ist. Das hätte natürlich fatale Konsequenzen für den weiteren Verlauf des gesamten Projektes.

2. Übungsstunde

A + B: Wiederholung Händeticken

Material: Stoppuhr

Oftmals wollen die Gruppen die Übung „Händeticken" wiederholen. Sie sollten dem Wunsch der Kinder nachkommen. Besonders die A-Gruppen legten auf die erneute Durchführung der Übung großen Wert. Im Nachhinein berichteten die Übungsteilnehmer häufig, dass der Rahmen, der durch diese Übung hergestellt wurde, ihnen Sicherheit vermittelte. Sie hatten den Eindruck, dass während dieser Übungssituation keine gegenseitigen Verletzungen stattfanden bzw. dass die Erwachsenen bei Grobheiten eingriffen und ihrer Aufgabe, die Übungsteilnehmer zu schützen, nachkamen.

Da der Anreiz der Übung erfahrungsgemäß nicht eine gesamte zweite Stunde vorhält, können Sie die Übung „Stühlerutschen" einführen.

A + B: Stühlerutschen

Material: -

Übungsbeschreibung:
Die Übungsteilnehmer sitzen in einem engen Stuhlkreis. Ein Kind, das bereit ist, sich in die Mitte des Kreises zu stellen, hat die Aufgabe, einen frei gewordenen Platz zu besetzen. Die Schwierigkeit besteht darin, dass alle anderen Übungsteilnehmer ständig jeweils um einen Platz weiterrutschen, sodass eine wellenförmige Bewegung in der gesamten Gruppe entsteht.

Variante:

Zwei Übungsteilnehmer haben die Aufgabe, zur gleichen Zeit frei werdende Plätze zu besetzen.

Ihre Aufgabe:

Sie besteht wiederum darin, Grobheiten, Beschimpfungen und Beleidigungen, die sich zwischen den Übungsteilnehmern ergeben, wahrzunehmen und hierauf zu reagieren.

Unterbrechen Sie die Übung bei Normenverletzungen und erinnern Sie an die Einhaltung der Regeln. Sie können diese Normenverletzungen ruhig bewerten, indem sie äußern, dass das verletzende Verhalten unfair ist und dass man so etwas nicht machen darf.

Findet in der 2. Stunde keine Wiederholung der Übung „Händeticken" statt, können Sie nachfolgende Übungen durchführen:

A + B: Wer von uns fehlt?

Material: 1 Wolldecke

Die Kinder stehen im Kreis, das Gesicht nach außen gewandt. Alle schließen ihre Augen. Führen Sie einen Übungsteilnehmer in die Mitte des Kreises. Dort hockt er sich hin und Sie bedecken ihn mit der Wolldecke. Auf Ihr Zeichen drehen sich die im Kreis befindlichen Übungsteilnehmer um und versuchen so schnell wie möglich, den Namen der versteckten Person zu nennen.

Variante:

Es hocken sich mehrere Übungsteilnehmer gleichzeitig unter die Decke. Dabei erfolgt keine Trennung zwischen Jungen und Mädchen.

Ihre Aufgabe:
Kinder, die die Gruppe nur schwer errät, werden im Allgemeinen auch sonst von der Gruppe kaum wahrgenommen. Durch die häufige Ansprache dieser Kinder oder durch die Übertragung besonderer Aufgaben werden die wenig beachteten Kinder von den anderen Gruppenmitgliedern zukünftig stärker wahrgenommen. Dadurch können Sie schon in dieser Gruppenentwicklungsphase vermeiden, dass sich Außenseiterpositionen verfestigen.

Die Kinder der Gruppe A haben häufig weniger Durchhaltevermögen und beenden deshalb Übungen schneller als die Kinder der Gruppe B. Sie sollten also immer eine Anschlussübung „in der Tasche" haben.

A: Heimliche Verständigung

Material: Entsprechend der Anzahl der Übungsteilnehmer nummerierte Zettel oder Karteikärtchen

Übungsbeschreibung:
Die Übungsteilnehmer sitzen in einem Stuhlkreis. Jeder erhält einen Zettel, auf dem eine Zahl steht. Diese Zahl muss geheim gehalten werden. Ein Kind, das bereit ist, in die Kreismitte zu gehen, ruft nun zwei Zahlen auf. Die Übungsteilnehmer, die die entsprechenden Zettel besitzen, müssen jetzt Blickkontakt miteinander aufnehmen und im Anschluss die Plätze tauschen. Das Kind in der Mitte versucht, einen dieser beiden Plätze zu besetzen. Der Übungsteilnehmer, der keinen freien Stuhl erhalten hat, geht dann in die Kreismitte und ruft wiederum zwei Zahlen auf. Wenn ein Kind nicht in der Kreismitte stehen möchte, darf es ein anderes Gruppenmitglied auswählen, das seine Aufgabe übernimmt.

Übungsverlauf:

Besonders in Gruppe A entsteht oftmals Unmut darüber, dass häufig die gleichen Zahlen aufgerufen werden und somit nur die Übungsteilnehmer, die die entsprechenden Zettel besitzen, auch aktiv werden können.

Besprechen Sie mit der gesamten Gruppe die Frage, wie dieses Problem gelöst werden kann. Nur Kinder, die sich melden, können ihren Vorschlag erläutern. „Was müssen wir anders machen, damit jeder an die Reihe kommt? Wie müssen wir uns organisieren?"

Meistens wird die Idee geäußert, alle Zahlen an die Wandtafel zu schreiben, und dann die aufgerufenen Zahlen wegzustreichen. Diese Aufgabe sollte ein Übungsteilnehmer übernehmen. Favorisieren die Kinder einen anderen Vorschlag, sollten Sie diesen anwenden. Stellen Sie aber im Anschluss an die Übung die Frage, welche anderen Möglichkeiten ebenfalls weitergeholfen hätten und ob die gewählte Vorgehensweise die effektivste war.

3. Übungsstunde

A + B: Fragebogen zum Kennen lernen
(vgl. G. Stanford, S. 43 ff.)

Material: Fragebogen (s. S. 143, Anhang 1)

Übungsbeschreibung:
Die Kinder sitzen an ihren Tischen. Jedes erhält einen „Fragebogen zum Kennen lernen". Nach Übungsbeginn müssen sich die Teilnehmer von den anderen Gruppenmitgliedern so viele Unterschriften wie möglich holen. Allerdings darf nur unterschreiben, wer die Antwort bejahen kann und auch bereit ist, seine Unterschrift zu leisten.

Übungsverlauf:
Diese Übung verläuft erfahrungsgemäß in den Gruppen A und B sehr lebhaft, weil die Übungsteilnehmer durch den Klassenraum laufen und die Kommunikation recht lautstark wird. Die Kinder genießen den engen, gefahrlosen Kontakt zueinander.

Ihre Aufgabe:
Sie können beobachten, welche Übungsteilnehmer am meisten befragt werden. Diese Teilnehmer können sich einer gewissen Beliebtheit innerhalb der Gruppe erfreuen und sind späterhin vielleicht die „Führungspersonen" der Gesamtgruppe.
Nach ca. 20 Minuten gehen alle Kinder auf ihre Plätze. Fragen Sie, ob alle Übungsteilnehmer die Aufgabe erfüllen konnten und für welche Fragen es schwierig war, Unterschriften zu erhalten bzw. zu erbitten (oftmals sind dies die Fragen 11 und 12).
Häufig entsteht ein kurzes Gespräch über die Schwierigkeit, anderen mitzuteilen, dass man sie mag. Erklären Sie, warum viele Menschen diese Schwierigkeit haben, nämlich Angst vor Zurückweisung oder die Befürchtung, sich lächerlich zu machen. Ermuntern Sie die Kinder, in diesem Fall mutiger zu werden.
Haben die Kinder Unterschriften für ihre Antworten auf die Fragen 11 und 12 erhalten, loben Sie sie für ihren Mut und erklären Sie, dass dies keine Selbstverständlichkeit ist.

4. Übungsstunde

A + B: Familientreffen

Material: Karteikarten mit dem Namen der „Familienmitglieder"

Materialbeschreibung:
Vier Karteikarten pro Familie mit folgender Aufschrift:

1. Quartett:	**2. Quartett:**	
1. Karte: Vater Kunz	1. Karte: Vater Müller	
2. Karte: Mutter Kunz	2. Karte: Mutter Müller	usw.
3. Karte: Tochter Kunz	3. Karte: Tochter Müller	
4. Karte: Sohn Kunz	4. Karte: Sohn Müller	

Die Anzahl der Familienkarten deckt sich mit der Anzahl der Übungsteilnehmer. Es kommt häufig vor, dass eine Familie unvollständig ist, d.h.,
dass sie nur aus Vater, Mutter und Tochter besteht, weil die Anzahl der
Übungsteilnehmer nicht durch vier teilbar ist. Beispielsweise werden bei
25 Übungsteilnehmern vier vollständige Familien (16) und drei unvoll-
ständige Familien (9) gebildet.

Übungsbeschreibung:
Die Schüler sitzen im Stuhlkreis. Die Familienkarten werden gemischt
und an die Teilnehmer ausgeteilt. Auf ein Zeichen gehen alle Übungsteilnehmer in die Kreismitte und tauschen die Familienkarten. Keiner darf
den Tausch verweigern. Damit geheim bleibt, wer „Vater", „Mutter", „Tochter" oder „Sohn" ist, dürfen die neuen Familienkarten nicht gezeigt werden. Auf ein erneutes Zeichen
müssen sich die neuen Familien
finden. Gewonnen hat die
Familie, die zuerst in der Reihenfolge Vater X, Mutter X, Tochter X,
Sohn X auf einem Stuhl (auf
dem Schoß sitzend) Platz genommen hat. Anschließend gehen
alle Kinder in den Stuhlkreis
zurück.

Soziales Lernen

Variante:
Bei der Familienfindung darf kein
Übungsteilnehmer sprechen.

Übungsverlauf:
In beiden Gruppen vollzieht sich
der Übungsverlauf in der Regel mit
enormer Lautstärke. Einige Kinder,
besonders in Gruppe A,
wollen die Familienkarten nicht tauschen. Es ist ihnen entweder peinlich,
andere Übungsteilnehmer auf ihrem Schoß sitzen zu lassen, oder ein männ-
licher Teilnehmer will nicht den Part der Mutter/Tochter übernehmen.
Bestehen Sie darauf, dass alle Übungsteilnehmer bei einer Wiederholung
der Übung tauschen müssen.

Ihre Aufgabe:
Die Variante des Schweigens während der Familienfindung eröffnet die
Möglichkeit, dass die Kinder den Übungsablauf selbst organisieren müssen. Lassen Sie den Kindern freie Hand und Raum, um auszuprobieren.
Sprechen Sie im Anschluss an die Übung über die verschiedenen Orga-
nisationsformen. Über die aus Sicht der Übungsteilnehmer effektivste Möglichkeit wird abgestimmt und die Übung wiederholt. Meistens entscheiden die Kinder, dass sich der Vater X schweigend auf einen Stuhl setzt,
die anderen Gruppenmitglieder ihren Familienvater durch Herumgehen
ausfindig machen und sich in entsprechender Reihenfolge dazugesellen.
Stellen Sie anschließend die Frage, ob irgendetwas an dieser Übung unangenehm war. In Gruppe A wird oft als unangenehm empfunden, dass sich
einige Kinder zu grob verhalten. Machen Sie diesen Kindern deutlich, dass
sie bei zukünftigen Übungen nur schwer Partner finden werden, wenn sie
sich weiterhin so grob verhalten.

5. Übungsstunde

A + B: „Ich bin...“ <small>(vgl. G. Stanford, S. 46)</small>

Material: DIN-A4 Schreibpapier; Einsatz der Tafeltabelle bei Gruppe B

Übungsbeschreibung:
Die Kinder sitzen an ihren Tischen. Jedes Kind erhält ein Blatt Papier (DIN-A4), das es mit Namen und Datum versieht und auf dem es untereinander zehnmal den Satzanfang: „Ich bin" schreibt.
Die Satzanfänge müssen nun von jedem Übungsteilnehmer vervollständigt werden. Nach ca. 20 Minuten werden die Bögen eingesammelt und gemischt. Die Übungsteilnehmer setzen sich dann in den Stuhlkreis. Alle Bögen liegen in der Mitte des Kreises. Nach Aufforderung durch den Übungsleiter nehmen die Kinder abwechselnd einen Bogen und lesen dessen Inhalt vor. Die anderen Übungsteilnehmer müssen erraten, welches Gruppenmitglied den vorgelesenen Bogen beschrieben hat.
Gibt es große Leseschwierigkeiten bei den Kindern, sollten Sie den Bogen vortragen.

Übungsverlauf:
Das Ausfüllen bereitet – besonders in Gruppe A – einigen Kindern Schwierigkeiten. Sie sollten ihnen auf Nachfrage (per Handzeichen) behilflich sein.
Probieren Sie diese Übung selbst einmal aus. Sie werden sehen, dass sie tatsächlich nicht so einfach ist.
Spannend ist für die Übungsteilnehmer der Rateteil. Für mich ist es immer wieder erstaunlich, wie gut die Gruppenmitglieder sich schon kennen, denn sie erraten einander sehr schnell.

Ihre Aufgabe:
Welche Übungsteilnehmer berichten nur wenig Persönliches von sich? Man kann ja z.B. schreiben: „Ich bin 12 Jahre alt." oder „Ich bin verliebt in A..".
Sprechen Sie über wichtige Aussagen, wenn es die Situation zulässt. Ein Teilnehmer in meiner Gruppe schrieb einmal: „Ich bin lebensmüde." Er war bereit, über seine Aussage zu sprechen, und die anderen Gruppenmitglieder zeigten ebenfalls Interesse an einem Gespräch. Auf Fragen wie:

„Was bedrückt dich?", „Worüber machst du dir Sorgen?", „Was ist für dich so schwer, dass du es im Moment nicht lösen kannst?" und Ähnliches gab der Teilnehmer bereitwillig Auskunft. Jedes Gruppenmitglied überlegte, wie es helfen konnte.

Natürlich ergeben sich durch derartige Gespräche Folgeaufgaben. Oftmals ist es der Einstieg in die Soziale Einzelhilfe, über die weiter hinten (ab Seite 119) berichtet wird.

6. Übungsstunde

A + B: Ebbe und Flut

Material: -

Übungsbeschreibung:
Tische und Stühle befinden sich an den Außenseiten des Raumes. Die Übungsteilnehmer stehen in der Raummitte. Erzählen Sie eine Geschichte und untermalen Sie diese Geschichte mit passenden Bewegungen. Die Übungsteilnehmer müssen Bewegungen, Mimik, Geräusche und Gestik nachmachen. Wenn in der Geschichte das Wort „Ebbe" vorkommt, sollen sich alle Gruppenmitglieder so schnell wie möglich auf den Boden setzen, wird das Wort „Flut" genannt, sollen sich alle Kinder so schnell wie möglich auf einen Tisch oder Stuhl setzen. Derjenige, der zuletzt auf dem Boden, Tisch oder Stuhl sitzt, soll die Geschichte weitererzählen. Er kann hierfür aber auch einen Freiwilligen auswählen.

Übungsverlauf:
In diese Übung baue ich in der Regel zahlreiche Gelegenheiten zum Körperkontakt ein, die zunehmend an Schwierigkeit gewinnen.
Die Geschichte spielt natürlich am Strand. Dort kann man Frau Meier treffen und ihr die Hand schütteln. Gemeinsam betrachtet man das Meer, und Frau Meier wird es schwindelig. Sie muss untergehakt und zu einer Bank geführt werden. Dort kann man ihr Luft zufächeln oder sanft über das Haar streichen. Frau Meier wird von Herrn Müller, der ganz zufällig vorbeikommt, zu einem Taxi getragen. Leider ist in der Geldbörse von Frau Meier EBBE. Auf dem Meeresboden liegt ein giftgrünes, qualmendes Monster, das fürchterliche Geräusche von sich gibt. Mit der FLUT verschwindet es wieder usw.

Ihre Aufgabe:
Manchmal sind die Kinder so von der Geschichte gefesselt, dass sie die Begriffe „Ebbe" und „Flut" überhören,

und Sie die Übungs-
teilnehmer an die
Übungsregeln erinnern
müssen. Einige Kinder,
meist in Gruppe A, neigen
dazu, die Bewegungen zu
übertreiben. Sie setzen
sich z.B. nicht auf den
Boden, sondern lassen
sich so fallen, dass sie
möglichst noch ein
anderes Gruppenmit-

glied dabei stoßen. Machen Sie deutlich, dass die Einhaltung der Regeln dringend erforderlich ist und Sie andernfalls die Übung abbrechen müssten. Wenn es soweit kommt, sollte das Verhalten dringend in einem Gespräch über Auswirkungen von Grobheiten auf das Gruppenklima thematisiert werden. Während des Gespräches können Sie die Tafeltabelle von Übung 1 wieder einsetzen.

7. Übungsstunde

A + B: Angefangene Sätze (vergl. G. Stanford, S. 51)

Material: Papierbogen mit angefangenen Sätzen (s. S. 144, Anhang 2)
Bei Gruppe A: Einsatz der Tafeltabelle

Materialbeschreibung: Angefangene Sätze

Übungsbeschreibung:
Siehe Übung „Ich bin..." (Seite 29).
Allerdings wird hier der Bogen des Übungsleiters zuletzt vorgelesen.

Übungsverlauf:
Siehe Übung „Ich bin..." (Seite 29).
Ein Beispiel aus meiner Praxis zeigt, wie Sie mit diesem Fragebogen einen offenen Zugang zu den Kindern gewinnen können:
Bei Satz Nr. 5 trage ich ein: „Als ich jünger war, habe ich schon mal geklaut." Erstens trifft diese Aussage zu, zweitens ergibt sich auf Grund dieser Information ein wahrhaft vertrauliches Gespräch.
Natürlich muss ich erzählen, wie, was und wo ich gestohlen habe (eine Tüte Salmis zu 5 Pfennig in einem neu eröffneten Supermarkt), wie alt ich damals war (6 Jahre) und mit welchen Konsequenzen ich konfrontiert wurde (eine Tracht Prügel und vier Wochen Stubenarrest). Ich nutze das Gespräch, um nach Grenzüberschreitungen zu fragen, die die Gruppenmitglieder begangen haben.
Zunächst zögerlich, dann immer offener berichten die Übungsteilnehmer von ihren „Missetaten" – alles natürlich unter dem Mantel absoluter Verschwiegenheit! Wir stellen Ähnlichkeiten und Unterschiede in unseren Vergehen und den erlittenen Konsequenzen fest und werden einander gegenüber offener. Fazit ist auch, dass keiner besser oder schlechter ist als die anderen, denn jeder hat schon einmal ein Unrecht begangen.
Bieten Sie Ihre Hilfe an, falls ein Übungsteilnehmer durch zukünftige Vergehen in Schwierigkeiten gerät. Machen Sie aber auch sehr deutlich, dass jeder für sein Verhalten verantwortlich ist – mit anderen Worten: „Für das, was du tust, musst du geradestehen!" Dieses ist die 3. Norm und die sollten Sie zu diesem Zeitpunkt einführen.

8. Übungsstunde

A + B: Zauberhafter Einkauf (vgl. G. Stanford, S. 51f.)

Material: 3 dicke, alte Bücher, 1 schwarzes, großes Tuch, 1 Tisch, 2 Stühle, 1 Bogen Papier und 1 Stift, soweit vorhanden 1 große Glaskugel von etwa 30 cm Durchmesser, etwas schauspielerisches Talent

Übungsbeschreibung:
Sie sind der Besitzer des „Zauberladens" und entsprechend verkleidet. Die Sitzordnung der Übungsteilnehmer erlaubt jedem freie Sicht auf das Geschehen.

Als Hexe Höckerbein mit krächzender Stimme beispielsweise fordern Sie die Gruppenmitglieder auf, den „Zauberladen" (Tisch und 2 Stühle vis-a-vis) zu besuchen, um nicht gewollte gegen gewünschte Eigenschaften einzutauschen. Dort kann Ängstlichkeit gegen Mut, Petzerei gegen Verschwiegenheit, Prahlerei gegen Bescheidenheit eingetauscht werden.
Dem jeweiligen Besucher wird das Tauschgeschäft nicht leicht gemacht.

Er muss sich schon etwas einfallen lassen, um Sie, die Hexe Höckerbein, von dem Geschäft zu überzeugen.

Übungsverlauf:
Je besser Sie den „Zauberladen" betreiben, umso mehr werden die Gruppenmitglieder in dieser Übung mitgehen. In Ihrem „Laden" erzählen die Teilnehmer vor allen anderen, was sie an sich selbst nicht schätzen. Das erfordert Mut und erhöht die Toleranz untereinander. Es kommt immer wieder vor, dass Gruppenmitglieder der Hexe Höckerbein schiefe Zähne, Segelohren, krumme Beine oder sonstige Schönheitsfehler

verkaufen wollen. Gehen Sie den Tausch ein, sagen Sie aber, dass andere Spezialisten (z.B. Fachärzte) wohl eine befriedigendere Wirkung erzielen werden.

Anmerkungen zu Gruppe A

Die Übung „Zauberhafter Einkauf" ist nur durchführbar, wenn die Teilnehmer bereits in der Lage sind, auf ihren Stühlen sitzen zu bleiben und sich über ca. 15 Minuten zu konzentrieren. Daneben muss die Fähigkeit bestehen, u. U. über 45 Minuten Bedürfnisverzicht zu leisten, da nicht alle Gruppenmitglieder den Zauberladen in einer Übungsstunde besuchen können. In der Konsequenz bedeutet dies, dass die Übungsteilnehmer neugierig auf die Aussagen der Zauberladenbesucher sein müssen und Freude an der „Theatervorführung" haben sollten. Wenn es während der Übung zu unruhig wird, sollte sie abgebrochen werden. Fragen Sie die Übungsteilnehmer nach dem Grund der Unruhe. Während des Klärungsgespräches können Sie die Tafeltabelle nutzen.

Oft kommt in dieser Situation die Antwort, dass die Übung zu langweilig ist, weil viele Gruppenmitglieder nicht schnell genug drangekommen sind. Dieser Hinweis ist ausgesprochen wichtig, denn die nachfolgenden Übungen müssen eine schnelle Bedürfnisbefriedigung aller Übungsteilnehmer beinhalten. Allerdings darf dies nicht zu Übungsangeboten führen, die ausschließlich dem Lustprinzip dienen.

Da die (abgebrochene) Übung und das Klärungsgespräch oftmals nicht die gesamte Zeit einer Übungsstunde in Anspruch nehmen, sollten Sie schon im Vorhinein eine Anschlussübung einplanen. Sie sollte leicht zu bewältigen sein, damit die Übungsteilnehmer nach dem „Misserfolg" einen Erfolg verzeichnen können.

A + B: Zublinzeln

Material: -

Übungsbeschreibung:
Die Kinder sitzen im Stuhlkreis. Jedes zweite Kind aus dem Kreis stellt sich, nach Ihrer Aufforderung, hinter ein sitzendes Gruppenmitglied und verschränkt die Arme auf dem Rücken. Die frei gewordenen Stühle werden, bis auf einen, zur Seite gestellt. Der Teilnehmer, der den freien Stuhl vor sich stehen hat, blinzelt ein Kind aus dem Stuhlkreis an. Dieses Kind muss den freien Stuhl erreichen, ohne dass der hinter ihm stehende

Übungsteilnehmer es berührt/festhält. Nach ca. 10-minütiger Übungsdauer werden die Aufgaben getauscht. Die stehenden Übungsteilnehmer setzen sich, die sitzenden Teilnehmer stellen sich hinter die Stühle.

Ihre Aufgabe:
Übungsteilnehmer, die nicht angeblinzelt werden, stehen am Rand der Gruppe. Sie können durch besondere Beachtung in dieser und den folgenden Stunden bei den anderen Gruppenmitgliedern die Neugier auf diese Kinder erhöhen – und vielleicht zu einer größeren Beachtung durch die anderen beitragen. Gruppenmitglieder, die häufig angeblinzelt werden, erfreuen sich einer relativ hohen Beliebtheit. Welche Eigenschaften und Merkmale liegen dieser Beliebtheit zugrunde? Was macht diese Übungsteilnehmer so attraktiv für die anderen? Welche Gruppenfunktionen üben sie aus? Diese Fragen sollten Sie, sofern Sie nicht selbst der Klassenlehrer sind, unter Ausschluss der Kinder im Nachhinein gemeinsam mit dem Klassenlehrer klären. Erfahren diese Kinder die Anerkennung der Gruppe auf Grund ihres sozialintegrativen Verhaltens oder eher auf Grund ihres sozialdesintegrativen Verhaltens? Häufig zeigen beliebte Gruppenmitglieder sozialdesintegratives Verhalten. Versuchen Sie zu ergründen, warum die Gruppenmitglieder über desintegrative Verhaltensweisenverfügen. Hin-

ter der Anerkennung eines betont ruppigen Verhaltens kann sich z.B. die Gruppenmeinung verbergen, dass „Rambo" ja auch nicht lange fackelt und deshalb aus dem Kampf gegen den Rest der Welt als Sieger hervorgeht. Anerkennenswert für die Übungsteilnehmer sind in diesem Fall die Gruppenmitglieder, die Sie als Übungsleiter scheinbar besiegen. Nun ist es aber für „Gruppen-Rambos" ausgesprochen anstrengend, entsprechende Verhaltensweisen dauerhaft zu zeigen – es sei denn, sie sind ständig beeinträchtigenden Bedingungen ausgesetzt und können sich nicht anders verhalten, obwohl sie es mit hoher Wahrscheinlichkeit wollen. In jedem Fall sollten Gespräche mit den betreffenden Kindern stattfinden – der Einstieg in die Soziale Einzelhilfe (ab Seite 119) hat begonnen.

Werte und Normen der Großgruppe

Spätestens zu diesem Zeitpunkt müssen Sie wissen, welche unausgesprochenen Werte von der Gesamtgruppe A oder B akzeptiert und gelebt werden. Die Werte, die die Gruppe B akzeptiert, werden sich vermutlich weitgehend mit Ihren Werten decken.
Die Werte, die die Gruppe A akzeptiert, weichen mit Sicherheit von Ihren eigenen Werten ab, z.B.: „Wir sind die Rabaukenklasse und schaffen jeden Erwachsenen!", „ Bei uns wird nicht lange diskutiert, sondern gleich draufgehauen!" – Gruppenmitglieder, die Erwachsene mögen und ihnen auch noch Folge leisten, sind „Streber" und werden ausgeschlossen.
Sie müssen ebenfalls wissen, welche Gruppenmitglieder auf die zu den Werten gehörende Normeneinhaltung drängen und welche Verhaltensweisen diese Gruppenmitglieder hierfür anwenden, z.B. schlagen, unter Druck setzen und anderes mehr.
Ich reagiere in dieser Situation in der Regel mit vier Möglichkeiten, die gleichzeitig angewendet werden, um eine positive Einflussnahme auf das Werte- und Normensystem der Gruppe zu erreichen.

Einflussnahme auf das Wert- und Normensystem der Großgruppe
1. Soziale Einzelhilfe
2. Einzelgespräche/Krisenintervention
3. Konformitätsdruck in Gruppen
4. Lobzettel
5. Gruppenaktivität
6. Klärung von Alltagskonflikten

zu 1. **Soziale Einzelhilfe**
Nähere Beschreibung des Vorgehens ab Seite 119.

zu 2. **Einzelgespräche/Krisenintervention**
Nehmen Sie sich für Übungsteilnehmer, die sich schwerwiegend grenzverletzend verhalten, im Anschluss an die Übungsstunde Zeit. Machen Sie im Gespräch die Auswirkungen des entsprechenden Verhaltens auf die betreffende Person und die Gesamtgruppe deutlich. Erklären Sie, dass das vorgefallene Verhalten dem Ziel, eine gute Gruppengemeinschaft zu haben, entgegensteht.
Im Einzelgespräch verhalten sich die Kinder erfahrungsgemäß einsichtig. Manchmal vereinbare ich mit dem Kind ein Zeichen (z.B. Fingerschnippen), das ihm in den Übungsstunden signalisiert, wann es sich grenzverletzend verhält und eine Kehrtwendung im Verhalten vollziehen muss.

zu 3. **Konformitätsdruck in Gruppen**

a) Lobzettel
Hier kommen die in der Tafeltabelle gesammelten Plus- und Minuszeichen zur Anwendung. Sitzt die Gruppe an Gruppentischen, so erhalten alle Mitglieder einer Gruppe einen Lobzettel, wenn ihre Arbeitsruhe innerhalb eines bestimmten Zeitraumes sehr gut bis gut war. Sie sollten selbst festlegen, wie viele Pluszeichen erreicht sein müssen bzw. wie hoch die Differenz zwischen Plus- und Minuszeichen sein muss, damit ein Lobzettel ausgestellt werden kann. Ich setze den „Schwierigkeitsgrad" so an, dass auch die lauteste Gruppe – allerdings unter großer Anstrengung – einen Lobzettel erhalten kann. Zumeist müssen nach Aufrechnung von Plus- und Minuszeichen mindestens vier Pluszeichen übrig bleiben, wobei nicht mehr als insgesamt sechs Minuszeichen erreicht werden dürfen. Es stehen also mindestens 10 Pluszeichen und höchstens 6

Minuszeichen in der Tafeltabelle, die in einer Stunde angefertigt wurde.

Die Verteilung von Lobzetteln (zunächst täglich, was viel Schreibarbeit bedeutet, später wöchentlich) stellt für d e Übungsteilnehmer einen hohen Anreiz dar. Endlich ergibt sich auch für Kinder mit Schulschwierigkeiten die Möglichkeit, ein schriftliches Lob – anfangs sogar täglich – den Eltern vorlegen zu können; denn die Eltern müssen die Lobzettel unterschreiben, und die Kinder bringen sie unterschrieben wieder mit in die Schule.

Der Klassenlehrer sammelt die Lobzettel ein. Sie gehen in die Beurteilung des Sozialverhaltens im Zeugnis ein.

So ganz nebenbei beginnen die Übungsteilnehmer, auf das eigene Verhalten und das der Tischgruppenmitglieder Einfluss zu nehmen. Dies ist der erste Schritt für die Übernahme von Verantwortung für das eigene und fremdes Verhalten. Die Zurechtweisungen der Gruppenmitglieder untereinander sind in der Regel sehr hart. Hier müssen Sie eingreifen und angemessene Formen des Hinweisens auf die Regeleinhaltung vormachen. Wiederholer sich die harten Zurechtweisungen dennoch, so erhält die betreffende Gruppe ein Minuszeichen in der Tafeltabelle. Die Gruppenmitglieder werden sich sehr schnell bemühen, angemessene Zurechtweisungen untereinander anzuwenden.

Beispiel für einen Lobzettel:

Lobzettel

Datum:_____

Liebe Eltern!
Ihre Tochter/Ihr Sohn hat durch ihr/sein Arbeitsverhalten in der _____ Stunde (Fach _____) dazu
beigetragen, dass ihre/seine Tischgruppe dem
Unterrichtsgeschehen in Ruhe folgen konnte.

_____   _____
Lehrer/in   Eltern

b) Gruppenaktivität

Sitzen die Kinder nicht an Gruppentischen, werden die Plus- und
Minuszeichen für die Gesamtgruppe vergeben.
Sie sollten mit der Gesamtgruppe (bei Erreichen einer bestimmten
Anzahl von Bewertungszeichen) eine Gruppenaktivität durchführen. Beispielsweise können Sie in der Anfangszeit je eine Spielstunde
anbieten und später, bei wachsender Anforderung, einen Ausflug,
ein Klassenfest oder einen Grillnachmittag, der vielleicht gemeinsam mit den Eltern durchgeführt wird.

zu 4. Klärung von Alltagskonflikten

Selbstverständlich hat es bis zu diesem Zeitpunkt des Zusammenle-
bens eine Reihe von Konflikten gegeben. Doch von Anbeginn Ihres
Zusammenseins gilt:

Kein Konflikt bleibt ungeklärt!

Konfliktlösungsmuster

Was auch immer passiert ist, es wird mit der Gruppe nach folgen-
dem Muster geklärt:

A: Konfliktpartner,
B: Konfliktursache,
C: Konfliktverlauf/-eskalation,
D: hinzugekommene Konfliktpartner,
E: Auswirkung des misslungenen Konfliktlösungsversuches,
F: Möglichkeiten der Konfliktlösung im vorliegenden Fall,
G: Wiedergutmachung des angerichteten Schadens.

Dabei ist es unerheblich, ob sich der Konflikt im Klassen- bzw. Gruppen-raum, auf dem Schulgelände, auf dem Schulweg oder in der Freizeit zwischen Gruppenmitgliedern oder schulfremden Personen und Gruppenmitgliedern ereignet hat.

Bedenken Sie, dass jeder ungeklärte Konflikt zu einem Energieverlust in Bezug auf das schulische Lernen führt.

Konflikte zwischen Gruppenmitgliedern werden in der Regel auch während des Unterrichts ausgetragen und in den Übungsstunden kann es zu handfesten Auseinandersetzungen kommen. Dadurch wird die Gesamtgruppe in ihrem Fortkommen gestört.

Nach Ruth Cohn (TZI) haben Störungen Vorrang, weil die Störungen die Übungsteilnehmer davon abhalten, ihre ungeteilte Aufmerksamkeit dem Anliegen der Gruppe zu widmen. Übertragen auf die Unterrichtssituation heißt das, Konflikte müssen erst geklärt werden, um dann mit dem eigentlichen Unterrichtsangebot fortfahren zu können.

Nehmen Sie sich Zeit für die Konfliktbearbeitung. Geben Sie die Gesprächsführung zunächst nicht an die Gruppe ab. Sie stellen die Fragen und fordern Gruppenmitglieder, die sich melden, zum Sprechen auf. Würden Sie in dieser Situation Zweifel an Ihrer Autorität (als Schiedsrichter/ Übungsleiter) aufkommen lassen, hätten Sie innerhalb weniger Augenblicke eine Situation provoziert, die Sie bezüglich der Gruppenentwicklung Ihrer Lerngruppe um Wochen zurückwirft. Akzeptieren die Gruppenmitglieder Sie als Übungsleiter, werden Sie feststellen, dass schon nach kurzer Zeit obiges Modell der Konfliktlösung von den Übungsteilnehmern angewendet wird, wenn Sie es entsprechend vorleben. In der Konsequenz treten erheblich weniger Konflikte auf, weil die Übungsteilnehmer ein solides Wissen über die Eskalation von Konflikten und über situationsbedingte Konfliktlösungsmöglichkeiten erhalten haben.

Daneben lernen sie, Meinungsverschiedenheiten von Konflikten zu unterscheiden. Natürlich ist es zuerst spannend, häufig über Konflikte zu reden. Fast jeder steht auf diese Weise mindestens einmal im Mittelpunkt des Geschehens, und die Gruppe hat den „Lernstoff" bestimmt. Indem Sie die Konflikte (und seien es ganz marginale) bearbeiten, zeigen Sie den Übungsteilnehmern, dass Sie sie ernst nehmen. Ernstgenommen zu werden, erhöht die emotionale Sicherheit der Teilnehmer. Diese ist wiederum notwendig, um z.B. echte von unechten Konflikten unterscheiden zu können.

Soziales Lernen

b Praktische Übungen in der Phase der Normenfindung

Erarbeitung von Konfliktlösungsmöglichkeiten

Nutzen Sie das Rollenspiel, um situationsbedingte Konfliktlösungsmöglichkeiten erarbeiten zu lassen. Geben Sie den Kindern Anlässe von Alltagsstreitereien mit dem Auftrag vor, zunächst die ihnen bekannte Konfliktlösung vorzuspielen und in einem zweiten Durchgang eine gewaltfreie Bewältigung des Konfliktes schauspielerisch darzustellen.

Es ist klar, dass die zweite von den Übungsteilnehmern vorgestellte Version der Konfliktlösung in aller Regel eine Utopie darstellt. Das sollten Sie den Übungsteilnehmern auch mitteilen. Nun wird die Utopie anhand der Realität überprüft, und im Anschluss werden gemeinsam realistische Konfliktlösungen erarbeitet. Bei diesem Vorgehen lernen die Übungsteilnehmer nicht nur, wie Konflikte entstehen und gewaltfrei gelöst werden können, sondern vor allem auch, dass Konflikte nichts per se Negatives sind.

Konflikte entstehen grundsätzlich dann, wenn der Wunsch nach Bedürfnisbefriedigung größer ist als die Motivation, auf die Bedürfnisbefriedigung zu verzichten. Wie motivieren sich die Kinder gegenseitig, um Bedürfnisverzicht zu leisten, damit andere Gruppenmitglieder Bedürfnisbefriedigung erfahren? Wie nehmen sich andererseits Kinder das Recht auf Bedürfnisbefriedigung und motivieren die potentiellen Konfliktpartner zum Verzicht? Soll eine gewaltfreie Lösung erreicht werden, bleibt den Übungsteilnehmern nur die Möglichkeit, offen miteinander zu sprechen (Was will ich? Was willst du?), bevor sich die Gemüter erhitzt haben. Sich widersprechende Bedürfnisse müssen hinsichtlich ihrer Befriedigung ausgehandelt werden.

Zumeist wird ein Kompromiss geschlossen. Konnte keine Einigung erfolgen und hat sich ein Konfliktpartner „ohne Rücksicht auf Verluste" durchgesetzt, muss dieser im Nachhinein eine Wiedergutmachung leisten, die dem unterlegenen Gruppenmitglied auch tatsächlich ein Verzeihen ermöglicht. Das kann z.B. eine öffentliche Entschuldigung sein oder bei Sachbeschädigung der Ersatz/die Reparatur des Gegenstandes.

9. Übungsstunde

A + B: Angst und Freude in der Schule
(vgl. Klaus W. Vopel, Teil 4, S. 2)

Material: Malstifte, Zeichenpapier
Bei Gruppe A: Einsatz der Tafeltabelle

Übungsbeschreibung:
Die Kinder sitzen an ihren Tischen. Jedes Gruppenmitglied erhält einen Bogen Zeichenpapier. Der Bogen wird in der Mitte gefalzt. Die erste Hälfte des Bogens erhält die Überschrift: „Was mich in der Schule bedrückt oder ängstigt", die zweite Hälfte die Überschrift: „Was mich in der Schule freut oder froh macht". Die Rückseite des Blattes wird mit dem Namen und dem Datum versehen. Die Übungsteilnehmer sollen nun zu der jeweiligen Überschrift ein Bild auf den Bogen zeichnen, in dem zum Ausdruck kommt, wovor sie sich in der Schule fürchten bzw. worüber sie sich freuen.

Übungsverlauf:
Die Kinder haben regelmäßig Schwierigkeiten, die Arbeitsanweisung umzusetzen.
Deshalb sollten Sie die Anweisung an die Tafel schreiben. Einigen Kindern fällt es schwer, die Aufgabe zeichnerisch zu lösen, denn sie befürchten, dass die Gruppenmitglieder über ihre Zeichenkünste lachen. Hier hilft gutes Zureden und der Hinweis, dass die genannte Befürchtung aufgezeichnet werden kann. Wenn alle ihre Zeichnung fertiggestellt haben, werden sie gemeinsam betrachtet.

Ihre Aufgabe:
In dem Gespräch über die Bilder wird festgehalten, was die Gruppe tun kann, damit sich einzelne Gruppenmitglieder wohler fühlen. So kann die Norm eingeführt werden, dass niemand ausgelacht wird, wenn er einen Fehler macht. Denn nur aus Fehlern kann man lernen, wie es richtig gemacht wird.

10. Übungsstunde

A + B: Gruppenknoten oder Durchschnittsalter

Material: -

Übungsbeschreibung:
Tische und Stühle sind an die Raumaußenseiten gestellt. Es werden drei
Kinder aus dem Raum geschickt, die bereit sind, eine unbekannte, aber
nicht zu schwierige Aufgabe zu
lösen.

Die anwesenden Übungs-
teilnehmer bilden einen Kreis
und fassen sich an den Händen. Während der Übung
dürfen sich die Kinder nicht
loslassen. Jetzt „verknoten" sich
alle miteinander. Wenn alle
Gruppenmitglieder ihren

ursprünglichen Standort verlassen haben und ein Knäuel entstanden ist,
werden die herausgeschickten Kinder gerufen, um den Knoten durch
vorsichtiges Führen der im Knoten befindlichen Kinder zu entwirren.
Die Übung ist beendet, wenn die Teilnehmer wieder im Kreis stehen.

Übungsverlauf:
Die Übung „Gruppenknoten" sollten Sie nur dann durchführen, wenn Sie
sich sicher sind, dass die Übungsteilnehmer mit den gravierendsten
Verhaltensauffälligkeiten kein anderes Gruppenmitglied absichtlich ver-
letzen werden.
Kommt es bei der Übung zu kleinen, absichtlich herbeigeführten Verletzungen, sollten Sie sofort abbrechen.
Sagen Sie dann der Gruppe, dass diese Übung sehr schwer ist und dass es
keine Schande für die Übungsteilnehmer bedeutet, wenn sie die Aufgabe
noch nicht lösen können. Häufig wollen die Kinder daraufhin die Übung
mit dem Vorsatz wiederholen: „Nun machen wir es aber richtig!". Gestat-
ten Sie in dieser Situation eine Wiederholung, die nun sicherlich erfolgreich verläuft. Im Anschluss müssen die Kinder auf ihre Plätze zurückkeh-
ren. Erklären Sie, dass Sie die Übung, die ja nun ganz prima verlaufen ist,
zukünftig öfter durchführen werden, wenn die Zeit es erlaubt.

Ihre Aufgabe:
Einige Kinder „baden" sich regel-
recht in der Menge und vergessen,
welche Auswirkungen ihr Verhalten auf den Knoten hat. Dieser
kann u.U. ins Wanken geraten.
Das ist nicht ungefährlich. Erinnern
Sie während der Übung an die
Gefahr und fordern Sie die betreffenden Kinder auf,
sich rücksichtsvoller zu verhalten. Beobachten Sie, in welcher Weise die
„Knotenlöser" arbeiten. Zerren sie an den Übungsteilnehmern, schubsen
sie sie oder verhalten sie sich nur sehr zögerlich bei ihrer Aufgabenlösung?
Da Sie die „Knotenlöser" bestimmen, wählen Sie anfangs die Kinder hierfür aus, die meist nur in aggressiver Form Körperkontakt zu den anderen
Gruppenmitgliedern aufnehmen können. So können Sie unmittelbar auf
ihr Tun Einfluss nehmen und sie gefährden zunächst nicht die Festigkeit
des Gruppenknotens. Nachdem diese Kinder ihre Aufgabe gelöst haben,
wählen sie drei andere Kinder als „Knotenlöser" aus (ein Junge wählt ein
Mädchen, ein Mädchen wählt einen Jungen) und gehen selbst in den
Kreis. Kommen die „Knotenlöser" nicht so recht voran, fordern Sie den
„Knoten" auf, etwas behilflich zu sein.

Anmerkung zu Gruppe B:
Die Phase des Kennenlernens ist hier abgeschlossen, und die Gruppe
geht in die vertrauensbildende Phase über.

Anmerkungen zu Gruppe A:
Die Gruppe A ist auf Grund ihres Gruppenklimas und des Verhaltens einiger Gruppenmitglieder meist noch nicht in der Lage, den Schritt in die
vertrauensbildende Phase zu diesem Zeitpunkt zu vollziehen.
Vertrauensbildende Übungen würden der Gruppe in dieser Situation schaden, weil es bereits während der Übungen zu gravierenden Missbräuchen
des Vertrauens käme. Das könnte zu ernsthaften gegenseitigen Verletzungen und in der Konsequenz zu einem ständigen Kampf zwischen den
Gruppenmitgliedern führen, der geprägt wäre von „Hass-" und „Rache-
gefühlen".
Gerät eine Gruppe in diese negative Entwicklung, ist eine Umkehr fast
ausgeschlossen. Mit Recht würde die Gruppe unausgesprochen dem
Übungsleiter die Schuld an der Misere zuweisen. Der Übungsleiter hätte

das Vertrauen der Gruppe verloren, weil er den Grundsatz des Schutzes der Person und ihres Eigentums, dessen Einhaltung er garantieren muss, nicht gewahrt hat.

Nur eine sehr versierte Fachkraft kann eine negative Gruppenentwicklung wieder in eine positive Richtung lenken. Als in derartigen Situationen hilfreich hat sich die Kooperative Verhaltensmodifikation (KVM) erwiesen.

Gruppe A überspringt in den folgenden Abschnitten die vertrauensbildenden Übungen und beginnt stattdessen mit der „Einführung in die Gruppenarbeit" (ab Seite 64). In diesem Lernabschnitt werden größere Konflikte entstehen, deren Auswirkungen Sie nutzen sollten, um dann die Vertrauensübungen anschließen zu können („Wie sollen wir gut zusammenarbeiten, wenn wir uns nicht aufeinander verlassen können?").

Danach führt Gruppe A wieder Übungen zur Gruppenarbeit durch, um sich im Anschluss mit der Einheit „Zuhören" (s.S. 84) und dem Feedback (s.S. 92) befassen zu können. Am Ende der Phase „Produktivität" verlaufen die Übungen von Gruppe A und Gruppe B wieder parallel.

Im Folgenden sind für Gruppe A nur die Übungsnamen und die Seitenangaben angeführt. Bitte schlagen Sie die dazugehörigen Informationen unter der angegebenen Übung und Seitenzahl nach.

11. Übungsstunde

A: Durchschnittsalter

Die Beschreibung für diese Übung finden Sie auf Seite 65.

B: Was wird passieren?

Material: -

Übungsbeschreibung:
Die Übungsteilnehmer sitzen bequem im Stuhlkreis und schließen die Augen. Keiner darf sprechen. Es herrscht absolute Stille. Sie erzählen den Kindern die folgende Geschichte:

> „Ich möchte, dass du ganz entspannt und ruhig auf deinem Stuhl sitzt. Atme tief ein und aus.
> *(Sprechpause von 30 Sekunden.)*
> Bitte denke jetzt an ein Geheimnis, das du mit dir herumträgst und noch niemandem aus der Gruppe erzählt hast.
> *(Sprechpause von 5 Sekunden.)*
> Du brauchst keine Angst zu haben, dass du es gleich erzählen musst.
> *(Sprechpause von 60 Sekunden.)*
> Ich möchte, dass du dir jetzt vorstellst, was passieren würde, wenn du es eben gerade vor der ganzen Gruppe erzählt hättest. Wie würden die anderen Gruppenmitglieder reagieren? Was würden sie zu dir sagen? Was würden sie tun?
> *(Sprechpause von 30 Sekunden.)*
> Öffne deine Augen und sei mit deinen Gedanken wieder im Hier und Jetzt."

Übungsverlauf:
Die Teilnehmer lassen sich meist bereitwillig auf diese Übung ein und verhalten sich ruhig. Erst die Frage nach den Reaktionsweisen der Gruppenmitglieder bei Bekanntgabe des eigenen Geheimnisses entlockt den Kindern vielleicht ein „Puh!" oder „Oh!". Auch rutschen zumeist alle Kinder auf ihren Stühlen ein bisschen „gen Erdboden".

Fragen Sie die Kinder am Ende der Übung nach den erwarteten Reaktionsweisen der Gruppenmitglieder. Aussagen wie: „Die anderen würden mich auslachen, mir nicht glauben, mich für verrückt erklären!" oder „Die anderen wollten nichts mehr mit mir zu tun haben!" kommen häufig vor. Da nahezu alle Übungsteilnehmer diese u.ä. Aussagen machen, wird allseits festgestellt, dass wohl einigen nicht geglaubt würde und dass andere ausgelacht oder für verrückt erklärt würden. Jeder muss also mit irgendeiner Form von Zurückweisung rechnen, die jedoch keiner erleben möchte.

Fragen Sie die Gruppe, wie dieses Risiko gemindert werden könne. Vermutlich wird die Antwort herausgearbeitet, dass die Gruppenmitglieder einander noch besser kennen lernen müssen, um das Vertrauen zu gewinnen, sich zumindest aufeinander verlassen zu können. „Nur Liebespaare sagen einander alles, und wir sind ja kein überdimensionales Liebespaar!".

Oftmals erzählen einige mutige Übungsteilnehmer – und Sie sollten sich ihnen anschließen – ihre Geheimnisse. Sie berichten von Streichen, Lügereien, Diebstählen, Sachbeschädigungen usw. Meistens jedoch halten sich die Missetaten in Grenzen, und alle stellen fest, dass jeder etwas „auf dem Kerbholz" hat und die Gruppe ihm dies verzeiht.

Sind die Übungsteilnehmer jedoch noch zu ängstlich voreinander, findet keine Offenlegung der „Geheimnisse" statt. Einigen Sie sich dann darauf, dass Sie Übungen durchführen werden, die Ihnen dabei helfen, sich aufeinander verlassen zu können – Sie wollen ja eine gute Gruppengemeinschaft haben.

Ihre Aufgabe:
Ermuntern Sie ängstliche Übungsteilnehmer zu einem mutigeren Verhalten. Lenken Sie das Gespräch. Schützen Sie die Gruppenmitglieder, die sich nicht öffentlich zu ihrem Geheimnis äußern wollen.

12. Übungsstunde

A: Durchschnittsgröße

Die Beschreibung für diese Übung finden Sie auf Seite 69.

B: Hindernisrennen

Material: Diverse Gegenstände

Übungsbeschreibung:
Für diese Übung wird viel Platz benötigt. Die Räume sind in der Regel zu klein, sodass ich mit den Übungsteilnehmern entweder auf den Schulhof oder in die Pausenhalle gehe. Es ist jedoch sehr wichtig, dass dort während der Durchführung der Übung keine Störungen durch andere Personen auftreten. Dies gilt nicht nur für das „Hindernisrennen", sondern für alle Übungen, die an diesen Orten abgehalten werden.

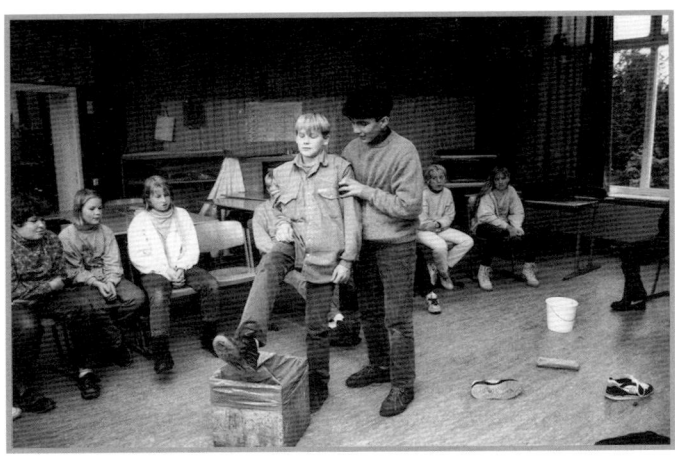

Für diese Übung werden vier Hindernisbahnen aufgebaut, wobei Gegenstände wie Schulranzen, Federtasche, Eimer mit Wasser, Stühle usw. auf den Boden gelegt bzw. gestellt werden. Die in einem Abstand von 4 Metern nebeneinander verlaufenden Hindernisbahnen haben eine Länge von je ca. 15 Metern.

Die Übungsteilnehmer wählen einen Partner, den sie nicht so gut kennen. Paarweise stehen die Gruppenmitglieder am Start. Ein Übungsteilnehmer schließt die Augen und der Partner muss ihn nun durch die Hindernisbahn führen, indem er ihn an die Hand nimmt. Der Geführte darf gegen kein Hindernis stoßen. Am Ende der Bahn tauschen die Übungspartner die Rollen und gehen den Weg zurück. Anschließend geht ein neues Paar an den Start.

Variante 1:
Geführt wird, indem der jeweilige Richtungswechsel per Handdruck auf die Schulter des Geführten angezeigt wird.

Variante 2:
Geführt wird, indem der jeweilige Richtungswechsel leise angesagt wird.

Übungsverlauf:
Bei aller Bemühung kommt es immer wieder vor, dass geführte Übungsteilnehmer gegen Hindernisse stoßen. Soweit dies absichtlich geschehen ist, sollten Sie das wegweisende Kind darauf aufmerksam machen, dass es jetzt damit rechnen muss, auf dem Rückweg auch gegen ein Hindernis geführt zu werden. Ihm wird auf sehr plastische Weise klar, dass es

Soziales Lernen

sich nicht mehr auf seinen Partner
verlassen kann, da es zuvor sein
Vertrauen missbraucht hat. Die
Gruppenmitglieder müssen diese
Situation miteinander besprechen
und die Übung wiederholen.

Ihre Aufgabe:
Sofortiges Eingreifen bei
misslungener Führung und
Initiierung eines Gespräches zwischen allen Übungsteilnehmern.

13. Übungsstunde

A: Mollekulkrankheit

Die Beschreibung für diese Übung finden Sie auf Seite 74.

B: Schutzwall

Material: -

Übungsbeschreibung:

Auch hier benötigt die Gruppe viel Platz. Gehen Sie also auf den Schulhof oder in die Pausenhalle. Die Gruppe bildet einen Kreis – den Schutzwall. Alle fassen sich bei den Händen. Ein Kind geht in die Kreismitte,

schließt die Augen und geht in x-beliebige Richtungen, nur nicht rückwärts. Der „Schutzwall" wandert wortlos mit und achtet darauf, dass der zu beschützende Übungsteilnehmer sich nicht stößt oder anderweitig verletzt. Bei Gefahr warnt das Mitglied im Schutzwall, in dessen unmittelbarer Nähe der Schützling steht, diesen durch Ansprache und sagt leise: „Stop!". Das Kind in der Kreismitte muss die Richtung ändern, um aus der Gefahrenzone zu kommen.

Nach etwa 3 Minuten fordern Sie alle Übungsteilnehmer auf, stehen zu bleiben. Fragen Sie das Kind in der Mitte, wo es sich jetzt wohl befindet. Meistens stimmt der angenommene Platz nicht mit dem tatsächlichen überein. Der „Schützling" kann nun die Augen öffnen und seine Gefühle und andere Eindrücke äußern, die er bei der Vertrauensübung gehabt hat. Danach geht ein anderes Gruppenmitglied in die Kreismitte.

Übungsverlauf:

Nach zweimaliger Durchführung dieser Übung erfolgt eine Variante. Bei häufiger Wiederholung langweilen sich die Gruppenmitglieder, die den Schutzwall bilden, schnell. Es kommt dann zu Störungen wie z.B. heftiges Drücken der Hände, an den Händen zerren, angedeutetes Beinstellen, das dem Schützling zugedacht wird, u.a.m.

Variante:

Mindestens sechs Übungsteilnehmer bilden einen Schutzwall, ein Gruppenmitglied steht in der Mitte. Auf diese Weise kommen je nach Anzahl aller Übungsteilnehmer mehrere Schutzwälle zu Stande.
Der Übungsverlauf vollzieht sich wie oben. Allerdings erhält jeder Schutzwall einen Schiedsrichter. Diese Schiedsrichter sind Gruppenmitglieder, die von der Gesamtgruppe akzeptiert werden und die die Verantwortung der Aufgabe tragen können. Sie sind der „Hauptschiedsrichter" und können jederzeit in den Übungsverlauf eingreifen. Auf diese Weise kommen relativ schnell alle Gruppenmitglieder in die Kreismitte.

Ihre Aufgabe:

Falls der Schutzwall seine Aufgabe nicht erfüllt und sich der Übungsteilnehmer in der Kreismitte gestoßen hat, sollten Sie die gesamte Übung sofort abbrechen. Sprechen Sie mit der Gesamtgruppe über das Geschehene und über die Auswirkungen auf das gemeinsame Ziel: sich aufeinander verlassen zu können. Für die unmittelbar beteiligten Übungsteilnehmer erfolgt ein gesondertes Gespräch.

Anmerkung:

Die Tatsache, von einem oder zwei Gruppenmitgliedern nicht beschützt worden zu sein, obwohl man ihnen Vertrauen geschenkt hat, kann bei dem geschädigten Übungsteilnehmer zu einer echten Vertrauenskrise führen. In keinem Fall darf der vollzogene Vertrauensmissbrauch und die sich anschließende Vertrauenskrise von Übungspartnern unterschätzt werden. Selbst gute Freundschaften können auseinanderbrechen, wenn der Vorfall unbearbeitet bleibt und keine Wiedergutmachung erfolgt.
In dem Klärungsgespräch kommt es meist zu einer Offenbarung der freundschaftlichen Gefühle, die die Übungsteilnehmer vor dem Geschehnis füreinander hegten. Ihr unverrückbares Ziel sollte es sein, diese freundschaftlichen Gefühle zwischen den Übungsteilnehmern wiederherzustellen. In keinem Fall dürfen Sie die Auswirkungen dieser und aller folgenden Vertauensübungen, die misslungen sind, bagatellisieren. Wer einem

Gruppenmitglied während einer Übung das Vertrauen entzogen hat, muss sich entschuldigen und in einer folgenden Übung beweisen, dass sich das geschädigte Kind doch auf ihn verlassen kann.

14. Übungsstunde

A: Bildergeschichte

Die Beschreibung für diese Übung finden Sie auf Seite 77.

B: Die Kobra

Material: -

Übungsbeschreibung:
Die Übung findet in der Pausenhalle oder auf dem Schulhof statt. Die Gruppenmitglieder stellen sich hintereinander auf und sind die Kobra. Kopf- und Schwanzende der Kobra ist jeweils das erste und letzte Gruppenmitglied der Schlange.
Alle schließen die Augen. Nur der Übungsleiter behält den Überblick und gibt verbal Anweisungen. Die Kobra muss nun verschiedene Bewegungen ausführen:

A: Sie geht nach vorn,
B: sie geht rückwärts,
C: sie schlängelt sich einen gefährlichen Abhang hinunter,
D: der Kopf muss das Schwanzende auf Zuruf fangen.

Übungsverlauf:
Das Vor- und Rückwärtsgehen will geübt sein. Es muss schon ein Gleichschritt herrschen, damit keinem auf den Fuß getreten wird. Dieser Gleichschritt erfordert Rücksichtnahme und Anpassung.

Den gefährlichen Abhang kann die Kobra sich nur hinunterschlängeln, wenn sie beschützt wird. Diesen Abhang können Treppenstufen, nicht allzu enge Türen und sonstige Hindernisse symbolisieren. Bestimmen Sie Gruppenmitglieder, die das Beschützen übernehmen. Diese Kinder postieren sich an gefährlichen Wegpunkten und sorgen dafür, dass sich kein Gruppenmitglied verletzt.

Nehmen Sie für diese Aufgabe bewegungsaktive Kinder. Besonders beeindruckend ist es, wenn die Kobra aus einem geschlossenen Raum ins Freie gelangt. Soll der Kopf der Kobra das Schwanzende erreichen, geschieht dies über Zuruf an die entsprechenden Kinder. Allerdings muss der Kopf darauf achten, dass er nicht zu schnell zum Schwanzende läuft, denn er hat den Körper der Schlange mitzunehmen.

Ihre Aufgabe:
Fehlerhafte Übungsabläufe und deren Auswirkungen korrigieren.

15. Übungsstunde

A: Vater und Sohn
Die Beschreibung für diese Übung finden Sie auf Seite 80.

B: Kletterturm

Material: Klettergeräte auf einem Spielplatz

Übungsbeschreibung:
Auf einem schulnahen Spielplatz werden Klettergeräte, deren Sprossen möglichst aus Seilen bestehen sollten, für die Übung genutzt. Jeweils 8 Übungsteilnehmer (4 Paare) können die Übung gleichzeitig auf diesen Klettergeräten durchführen.
Die Übungsteilnehmer führen einander paarweise auf der untersten Ebene der Klettergeräte. Dabei schließt der Geführte die Augen, der Führende sagt die Richtung an. Nach etwa fünfminütiger Übungsdauer findet ein Rollentausch statt (der Führende wird zum Geführten und umgekehrt).

Übungsverlauf:
Die Kinder werden es genießen, sich einmal an einen außerschulischen Ort zu begeben. Durch die Höhe der Klettergeräte erscheint die Übung den Kindern als sehr gefährlich, obwohl sie nur auf der untersten Ebene durchgeführt wird. Das Sich-aufeinander-verlassen-Können gewinnt deshalb eine neue Qualität.

Ihre Aufgabe:
Fehlerhafte Übungsabläufe und deren Auswirkungen korrigieren.

16. Übungsstunde

A: Vater und Sohn
Die Beschreibung für diese Übung finden Sie auf Seite 80.

B: Veränderungen

Material: Wandtafel

Übungsbeschreibung:
Die Übungsteilnehmer sitzen im Stuhlkreis. Es erfolgt ein Gespräch über
die bis jetzt gesammelten Erfahrungen mit den durchgeführten Übungen.
Halten Sie fest, welche Veränderungen im Zusammenleben der Gruppe
eingetreten sind. Darüber hinaus wird geklärt, welche weiteren Übungen
die Gruppenmitglieder durchführen wollen, damit sich alle noch besser
aufeinander verlassen können. Anschließend werden die Vorschläge gesammelt und abgestimmt.

Übungsverlauf:
Zum ersten und zweiten Gesprächsthema gehen die Meinungen inner-
halb der Gruppe oft stark auseinander. Die Frage nach weiteren Übungen
und das Sammeln von Vorschlägen motiviert in der Regel besonders die
Gruppenmitglieder, die bis zu diesem Zeitpunkt keine oder nur geringe
Veränderungen feststellen konnten.

Anmerkung:
Die Gesamtgruppe soll erstmals Entscheidungen treffen (Auswahl weite-
rer, selbsterdachter Übungen). Geben Sie die Diskussionsleitung an einen
Übungsteilnehmer ab, der sich diese Aufgabe zutraut. Er kann sich unter
den Gruppenmitgliedern einen Helfer suchen, wovon er in der Regel Gebrauch machen wird. Der Helfer wird eine Wortmeldeliste führen, der
Diskussionsleiter wird die Gruppenmitglieder nach der Listenfolge aufru-
fen.
Der Diskussionsleiter eröffnet das Gespräch mit den Fragen:
A: In welchen Situationen haben wir noch zu wenig Vertrauen zueinander?
B: Welche Übungen können uns helfen, noch mehr Vertrauen zueinander zu gewinnen?

Nun werden die Antworten zu A gesammelt.

Erste Schwierigkeit: Wie kann man die Antworten für alle sichtbar machen? Denn es entsteht Unmut über häufige Doppelnennungen und über häufiges Nachfragen. Die erste Entscheidung muss getroffen werden!

Schalten Sie sich in das Gespräch ein und fordern Sie die Gruppenmitglieder auf, Lösungsvorschläge zu machen.

Schreiben Sie diese Lösungen an die Tafel und rufen Sie anschließend die Übungsteilnehmer zur Abstimmung auf. Der Vorschlag mit den meisten Stimmen wird angewendet, auch wenn dies keinesfalls der aus Ihrer Sicht effektivste Vorschlag ist. Die Gruppe muss selbst das Ergebnis ihrer Entscheidung auf die Machbarkeit hin überprüfen. Nur auf diesem Weg lernen die Kinder, dass Entscheidungen, deren Durchführung sich als ineffektiv erwiesen hat, rückgängig gemacht werden können.

Mit den Antworten zu B wird entsprechend verfahren.

Ihre Aufgabe

Achten Sie darauf, dass die selbsterdachten Übungen von den Gruppenmitgliedern zu bewältigen sind. Andernfalls müssen Sie die Gruppe davon überzeugen, dass die zu gefährlichen Übungen nicht durchgeführt werden können.

17. Übungsstunde

A: Gruppenknoten

Die Beschreibung für diese Übung finden Sie auf Seite 44.

B: Von der Gesamtgruppe selbsterdachte Vertrauensübung

Material: Ergibt sich aus der selbsterdachten Übung.

Materialbeschreibung:
Muss mit der Gesamtgruppe festgelegt werden.

Übungsbeschreibung:
Muss mit der Gesamtgruppe festgelegt werden.

Übungsverlauf:
Den Verlauf einer selbsterdachten Übung vorherzusehen, wird Ihnen vermutlich nicht schwerfallen, erst recht, wenn Sie einschätzen können, womit die Gesamtgruppe noch Schwierigkeiten hat.

Ihre Aufgaben:
Bauen Sie unter Umständen Sicherungen in die Übung ein, indem Sie z.B. eine größere Anzahl von Beschützern einsetzen, als die Gruppe vorgesehen hat. In jedem Fall ist es vorteilhaft, wenn die von der Gruppe ausgewählte Übung von einer Kleinstgruppe vorgemacht wird. Teilen Sie die Beobachtungen, die Sie während der Durchführung der Übung gemacht haben, der Gruppe mit, und fordern Sie die Übungsteilnehmer auf, die folgenden selbsterdachten Vertrauensübungen entsprechend zu verändern.

18. Übungsstunde

A: Was wird passieren?

Die Beschreibung für diese Übung finden Sie auf Seite 47.

19. Übungsstunde

A: Hindernisrennen

Die Beschreibung für diese Übung finden Sie auf Seite 49.

20. Übungsstunde

B: Schutzwall

Die Beschreibung für diese Übung finden Sie auf Seite 52.

B: Selbsterdachte Vertrauensübungen

Material: Ergibt sich aus den Übungen.

Materialbeschreibung: Wird mit der Gesamtgruppe erstellt.

Übungsbeschreibung: Wird mit der Gesamtgruppe erstellt.

Übungsverlauf: Siehe 17. Übungsstunde

Ihre Aufgabe: Siehe 17. Übungsstunde

21. Übungsstunde

A: Schutzwall
Die Beschreibung für diese Übung finden Sie auf Seite 52.

B: Spinnennetz

Material: 20 Gymnastikseile,
1 Wolldecke

Übungsbeschreibung:
Die Übung wird in der Pau-
senhalle durchgeführt. Paar-
weise erhalten die Übungs-
teilnehmer ein oder zwei
Gymnastikseile, wobei je ein
Gruppenmitglied ein bis zwei
Seilenden festhält.

Die Seile werden zu einem „Spinnennetz" verwoben, sodass in der Kreismitte eine geflochtene Sitz- bzw. Liegefläche entsteht. Auf diese Fläche
wird die Wolldecke gelegt. Abwechselnd sitzt oder liegt ein Übungsteilnehmer auf dem „Spinnennetz" und wird von der Gesamtgruppe hin
und her getragen bzw. in die Höhe geworfen.

Übungsverlauf:
Das Flechten des „Spinnennetzes" erfordert einigen Zeitaufwand. Häufig
habe ich daher das „Spinnennetz" bereits fertiggestellt, bevor die Übungsteilnehmer an den Start gehen.
Das Auflegen der Wolldecke verhindert, dass Übungsteilnehmer durch
„Löcher" rutschen, die sich im „Spinnennetz" bilden können. Besser ist
daher der Einsatz eines Sprungtuches, das vielleicht über Sondermittel
beschafft werden kann.

Ihre Aufgabe:
Achten Sie darauf, dass Übungsteilnehmer nicht zu hoch geworfen werden oder durch Löcher im „Spinnennetz" rutschen. Es gibt in fast jeder

Gruppe auch schwergewichtige Kinder. Machen Sie die Übungsteilnehmer darauf aufmerksam, dass es für diese Kinder nicht zu Peinlichkeiten kommen darf. Schließlich ist jeder so wertzuschätzen, wie er ist.

Anmerkung:
Sehr oft wollen die Übungsteilnehmer den so genannten „Vertrauensfall" an diese Übung anschließen. Der „Vertrauensfall" ist, wenn zwei einander gegenüber stehende Kinder eine in ihrer Mitte stehende Person auffangen, wenn diese sich nach vorn oder hinten fallen lässt. Diese Übung ist aber  meines Erachtens für Großgruppen nicht zu gebrauchen! Besteht die Gesamtgruppe jedoch auf eine so genannte Fallübung, biete ich den Fallkreis an: Je fünf Kinder stellen sich in einem engen Kreis auf und winkeln die Arme an, sodass ihr Brustkorb geschützt ist. In der Kreismitte steht ein Übungsteilnehmer mit geschlossenen Augen und versteiftem Körper. Dieses Kind kann sich nun in alle beliebigen Richtungen „fallen" lassen. Nach ca. 2 Minuten findet ein Rollentausch statt.

Einführung in die Gruppenarbeit

In diesem Übungsabschnitt lernen die Gruppenmitglieder, wie sie sich organisieren müssen, um Teamarbeit leisten zu können. Dabei ist es außerordentlich wichtig, dass sich die jeweiligen Aufgabenstellungen für eine echte Teamarbeit anbieten. So ist es erforderlich, dass z.B. jedes Gruppenmitglied zu jedem Zeitpunkt eine Arbeit erledigen kann, die der Aufgabenerfüllung des Teams dient. Meine Erfahrungen belegen, dass Lehrer selten in der Lage sind, derartige Aufgabenstellungen anzufertigen. Zumeist wird ein Thema gewählt, das sich nicht in ausreichende Teilarbeitsschritte gliedern lässt.

Nehmen wir an, eine Gruppe von fünf bis sechs Mitgliedern soll ein Gedicht schreiben. Sie können ziemlich sicher sein, dass nur zwei Mitglieder arbeiten und die anderen sich mit aufgabenfremden Dingen beschäftigen werden. Das hat zur Folge, dass die Gruppe keine Teamarbeit leistet und höchstwahrscheinlich dann in Streitereien gerät, wenn den Gedichtschreibern die Phantasie ausgegangen ist oder bei den anderen Mitgliedern Langeweile auftritt.

Nehmen wir an, die Gruppenmitglieder sollen je eine Comicgeschichte mit Donald Duck zeichnen. Alle angefertigten Zeichnungen sollen nun zu einer Geschichte zusammengefügt werden. Mit Sicherheit wird dies nicht funktionieren, weil sich die Einzelzeichnungen zu sehr voneinander unterscheiden und nicht zueinander passen. Es sind und bleiben Einzelstücke. Außerdem wird in der Gruppe Konkurrenz darüber entstehen, wer denn nun das beste Bild gezeichnet hat. Diejenigen, die über ein geringes zeichnerisches Talent verfügen, bekommen dies sehr deutlich von den anderen zu spüren. Kein Wunder, wenn einem dann die Lust vergeht und die vermeintliche Teamarbeit platzt.

Lehrer und Schüler rücken von der Gruppenarbeit ab, weil sie langweilig ist, Konkurrenz, Konflikte und in der Folge ein „allgemeines Chaos" produziert.

Versteht man die Gruppenarbeit jedoch als eine binnendifferenzierende Unterrichtsmethode, sollte die Anfertigung der dazugehörigen Aufgabenstellungen zu bewältigen sein.

Die Einführung in die Gruppenarbeit können Sie ankündigen, indem Sie die Übungsteilnehmer fragen, wie gut sie im Unterricht zusammenarbeiten können. Bei den vertrauensbildenden Übungen haben Sie ja schon ihre Fähigkeiten kennen und schätzen gelernt – wie sieht es aber im Unterricht aus?

Soziales Lernen 65

c Praktische Übungen in der Produktivitätsphase

 ## 22. Übungsstunde

A: Die Kobra

Die Beschreibung für diese Übung finden Sie auf Seite 55.

B: Durchschnittsalter (vgl. G. Stanford, S. 69f.)

Material:
Armbanduhr, errechnetes Ergebnis des Durchschnittsalters aller
Übungsteilnehmer, Fragebogen für den gewählten Gruppenleiter

Materialbeschreibung:
Fragebogen für den gewählten Gruppenleiter:

A: Wie können wir die Schwierigkeiten, die uns bei der ersten Durchführung unterlaufen sind, vermeiden? Macht bitte Vorschläge,
wie wir die Altersangaben schnell herausbekommen können.
(Über Vorschläge wird jeweils abgestimmt.)

B: Wer soll die Altersangaben aufschreiben?

C: Wo sollen die Altersangaben aufgeschrieben werden?

D: Wer soll das Durchschnittsalter errechnen?

E: Was sollen diejenigen tun, die weder Frager, Schreiber noch Rechner sind? Bedingung: Sie dürfen sich nicht mit aufgabenfremden
Dingen befassen.

F: Wer gibt dem Übungsleiter das Ergebnis bekannt?

Übungsbeschreibung:
Die Gesamtgruppe soll innerhalb von 10 Minuten das Durchschnittsalter
aller Übungsteilnehmer errechnen und dem Übungsleiter bekannt geben.

Übungsverlauf:
Die Gruppenmitglieder sitzen an ihren Tischen. An der Tafel steht: „Bitte
errechnet das Durchschnittsalter aller Gruppenmitglieder. Ihr habt dafür
10 Minuten Zeit." Da häufig unbekannt oder in Vergessenheit geraten ist,
wie ein Durchschnitt errechnet wird, sollten Sie es beispielhaft von einem
Übungsteilnehmer an der Tafel vorrechnen lassen.

Wenn alle Unklarheiten beseitigt sind, beginnt die Gruppe mit der Arbeit. Halten Sie sich dabei möglichst im Hintergrund. Sie stehen nicht als Ansprechpartner zur Verfügung, sondern beobachten, was die Kinder tun.

Ein Beispiel aus der Praxis ist ein gutes Beispiel dafür, wie sich die Kinder in aller Regel verhalten: Einige gehen herum und befragen die Gruppenmitglieder, andere gehen zum Geburtagskalender und versuchen hier, die Altersangaben ausfindig zu machen, wieder andere spielen Fangen, weil sie nicht wissen, wie sie die Aufgabe anpacken können und keiner da ist, der ihnen sagt, was sie tun sollen usw.

Nach etwa 5 Minuten bilden sich die ersten Rechnergruppen – allerdings mit sehr unterschiedlichem Erfolg. Oft wird vergessen, A und T und Z nach dem Alter zu fragen ... Die im Hintergrund spielenden Übungsteilnehmer werden immer lauter, die Rechner verrechnen sich, es drohen erste Auseinandersetzungen. Spätestens hier breche ich ab, weil das „Chaos" zu groß wird. Trotzdem frage ich nach dem Ergebnis. Häufig melden sich viele Gruppenmitglieder und es kommen Aussagen zu Stande, die in der Regel nicht stimmen. Ob das Durchschnittsalter 164 Jahre beträgt oder nur 3 Jahre – darüber lässt sich nicht abstimmen.

Ich nenne das richtige Ergebnis und teile den Übungsteilnehmern mit, was ich beobachtet habe. Dabei mache ich deutlich, welche Gruppenmitglieder durch ihr Verhalten versucht haben, die Gruppe zu unterstützen, und welche sich wodurch störend verhalten haben.

Entscheidungsfindung per Wahlverfahren
Wenn es zu einem solchen „Organisationschaos" gekommen ist, bearbeiten Sie die gesamte Aufgabe noch einmal mit der Gruppe, indem Sie die einzelnen Arbeitsschritte festlegen:

1. Wer soll die Gruppe leiten, wenn der bisherige Übungsleiter nicht zur Verfügung steht? Auf wen sollen die Übungsteilnehmer hören? Wie will die Gruppe ihren neuen Leiter und seine Helfer festlegen? Soll eine offene oder geheime Wahl durchgeführt werden oder will die Gruppe das Los entscheiden lassen?

   Die Gesamtgruppe muss hierüber abstimmen, wobei die Klassensprecher kommissarisch als Gruppenleiter eingesetzt werden und die Abstimmung durchführen. Sie müssen alle Wahlmöglichkeiten nach Ja-Stimmen, Nein-Stimmen und Enthaltungen abfragen. Am Ende müssen die abgegebenen Stimmen mit der Anzahl der Gruppenmitglieder übereinstimmen. Kommt es hier zu Abweichungen, muss die Abstimmung wiederholt werden. Der Vorschlag, der die meisten Stimmen erhält, wird angenommen und durchgeführt. Meistens entscheidet sich die Gesamtgruppe zu einer offenen Wahl bezüglich ihres neuen Gruppenleiters und seiner Helfer.

2. Nun müssen die kommissarisch eingesetzten Gruppenleiter eine ordentliche Wahl hinsichtlich des neuen Gruppenleiters und seiner Helfer durchführen. Es wird eine Kandidatenliste an der Tafel eröffnet, und die Übungsteilnehmer nennen die Kandidaten. Anschließend werden die Kandidaten von den kommissarisch eingesetzten Gruppenleitern gefragt, ob sie die Kandidatur annehmen. Wird dies bejaht, bleiben sie auf der Liste, andernfalls werden sie gestrichen.
Nun beginnt der erste Wahldurchgang. Doch halt! Wie viele Stimmen hat eigentlich jeder? Darüber muss noch schnell abgestimmt werden. Meistens wollen die Gruppenmitglieder zwei Stimmen haben. Ist auch dies geklärt, kann es losgehen. Wer die meisten Stimmen auf sich vereinigen kann, wird Gruppenleiter. Die anderen Kandidaten werden je nach Stimmenanzahl Helfer. Der neue Gruppenleiter kann sich aussuchen, wie viele Helfer er benötigt.

Die Organisation der Gruppenarbeit
Erst jetzt folgt die eigentliche Aufgabenbewältigung. Der gewählte Gruppenleiter stellt der Gesamtgruppe die Fragen, die auf dem vom Übungsleiter erhaltenen Fragebogen (s. S. 65) stehen. Die auf dem Fragebogen angegebenen Abstimmungen müssen ebenfalls von ihm und seinen Helfern durchgeführt werden.
Die Abstimmungsergebnisse werden festgehalten und anschließend umgesetzt. Meistens wird die Frage E mit dem Abstimmungsergebnis beantwortet, dass diese Übungsteilnehmer als Kontrollrechner fungieren. Jeder von ihnen rechnet mit, keiner lehnt sich zurück und überlässt die Verantwortung für die Lösung der Gruppenaufgabe einigen wenigen.

Ihre Aufgabe:
Besprechen Sie mit der Gesamtgruppe, ob es noch effektivere Möglichkeiten der Aufgabenbewältigung gibt. Fordern Sie die Gesamtgruppe auf, die Vorgehensweise der Gruppenleitung zu beurteilen. Was haben der gewählte Gruppenleiter und seine Helfer gut gemacht, was ist ihnen nicht so gut gelungen? Ebenso machen der Gruppenleiter und seine Helfer Aussagen zum Arbeitsverhalten der Gesamtgruppe. Was hat die Gruppe gut gemacht, was ist ihr bzw. einzelnen Gruppenmitgliedern noch nicht so gut gelungen? Die Auseinandersetzung mit diesen Fragen macht allen

früher oder später deutlich, dass ein Gruppenleiter über bestimmte Fähigkeiten verfügen sollte. Es ist nicht so wichtig, ob man mit demjenigen befreundet ist, entscheidend ist, wie der Gruppenleiter seine Aufgaben wahrnimmt. Dass die Leitung einer Gruppe nicht einfach ist, lernen alle kennen, da jeder einmal diesen Part übernehmen wird. Dabei ist es immer erlaubt, Helfer zu haben. Außerdem wird gemeinsam erarbeitet, welche Aufgaben der Gruppenleiter und seine Helfer haben. Über die Rückmeldungen zum Arbeitsverhalten durch den Gruppenleiter und seine Helfer wird der Gesamtgruppe durch Gleichaltrige mitgeteilt, welches Verhalten als förderlich oder störend im Arbeitsprozess erlebt wird. Der Einfluss durch die Peer-Group wird in dieser Situation als gefahrlos erlebt und wirkt nachhaltiger als der Einfluss durch Erwachsene. Meine Erfahrungen zeigen, dass die Gruppenmitglieder so viel schneller bereit und in der Lage sind, Verantwortung für sich selbst und die anderen Gruppenmitglieder zu übernehmen.

Anmerkung:

Spätestens jetzt sollten die Kinder dauerhaft an Gruppentischen sitzen, zumindest müssen feste Arbeitsgruppen gebildet werden, die aus je fünf bis sechs Gruppenmitgliedern bestehen.

23. Übungsstunde

A: Kletterturm

Die Beschreibung für diese Übung finden Sie auf Seite 57.

B: Durchschnittsgröße

Material:
Papier (DIN A4), Stifte, pro Gruppentisch 1 Lineal, Tafeltabelle

Materialbeschreibung:
Die auf Seite 9 vorgestellte Tafeltabelle wird wie folgt erweitert:

Erweiterte Tafeltabelle

	Gruppe 1	Gruppe 2	Gruppe 3	usw.
AR				
AO				
BE				
ERG				
ERG-INSG				

Die Abkürzungen in der erweiterten Tafeltabelle bedeuten:
AR = Arbeitsruhe; AO = Arbeitsorganisation; BE = Beteiligung
ERG = Ergebnis; ERG.-INSG = Ergebnis insgesamt

Beobachten Sie die einzelnen Gruppen während ihrer Arbeit und bewerten Sie
⊙ die Arbeitsruhe der Gruppen,
⊙ die Arbeitsorganisation der Gruppenmitglieder
  (wurde ein Gruppenleiter gewählt? Welche Teilarbeitsschritte/-aufgaben wurden ermittelt? Wer hat welche Teilarbeitsschritte/-aufgaben übernommen? Jede Zuordnung wird schriftlich festgehalten.),
⊙ die aktive Beteiligung der einzelnen Gruppenmitglieder während der Gruppenarbeit (wer ruht sich auf Kosten der anderen aus?),
⊙ das erreichte Ergebnis hinsichtlich der Aufgabenstellung.

In jede Spalte der Tafel-
tabelle werden
entsprechend Plus-
und Minuszeichen
eingetragen. Diese
Zeichen werden
miteinander verrech-
net und das Endergeb-
nis wird in die Spalte
ERG-INSG eingetra-
gen. Dieses Ender-
gebnis stellt die
Beurteilung für die
gesamte Gruppenarbeit dar.

Eine Besonderheit in der Beurteilung der Arbeit wird hier deutlich. Es
kommt nicht nur auf das richtige Ergebnis an, sondern ebenso auf die
Arbeitsruhe, die Arbeitsorganisation und die Beteiligung der Gruppenmitglieder am Arbeitsprozess, denn AR, AO und BE haben einen Einfluss
auf ERG. Je mehr Übungen zur Gruppenarbeit durchgeführt werden, umso
deutlicher wird auch den Übungsteilnehmern dieser Bedingungs-
zusammenhang.

Übungsbeschreibung:

Die Übungsteilnehmer sitzen an Gruppentischen zu je fünf bis sechs Kindern. Auf dem Lehrerpult liegen Papier, Stifte und Lineale, die Tafeltabelle ist angezeichnet. Die Aufgabe: „Bitte ermittelt die Durchschnittsgröße eurer Gruppe. Ihr habt dafür 20 Minuten Zeit", ist ebenfalls an die
Tafel geschrieben.

Übungsverlauf:

Bevor die Gruppenmitglieder mit der Arbeit beginnen, geben Sie folgende
Hinweise:
„Damit ihr die Aufgabe lösen könnt, müsst ihr euch zunächst überlegen,
welche Arbeitsschritte notwendig sind und wie ihr euch organisiert.
Daneben benötigt ihr Material, das hier auf dem Pult liegt. Es dürfen nicht
alle Kinder nach vorne kommen und das Material holen. Ihr braucht einen
Materialholer pro Gruppe und natürlich einen Materialbringer. Der Materialbringer legt nach Abschluss der Übung das von euch benutzte Material wieder auf das Pult. Neben dem Materialholer und Materialbringer
braucht ihr noch weitere Funktionsträger, z.B. einen Gruppenleiter."

Stellen Sie dann der Gesamtgruppe frei, ob sie gemeinsam die Funktionen erarbeiten sollen, die zur Arbeitsorganisation nötig sind. Meistens besteht die Gesamtgruppe darauf. Stellen Sie dann folgende Fragen:

A: Was braucht Ihr zuerst? (einen Gruppenleiter und evtl. Helfer)
B: Was braucht Ihr dann? (einen Materialholer)
C: Was braucht Ihr danach? (einen Materialverteiler)
D: Was braucht Ihr nun? (einen Schreiber)
E: Was braucht Ihr jetzt? (einen oder mehrere „Messer")
F: Was braucht Ihr noch? (einen Rechner)
G: Was benötigt Ihr außerdem? (einen Sprecher, der das Ergebnis bekannt gibt; das kann auch der Gruppenleiter sein)
H: Was braucht Ihr zuletzt? (einen Materialbringer)

Nach dieser Klärung sollen die Übungsteilnehmer sich den Funktionen zuordnen. Dies kann über das bereits bekannte Wahlverfahren oder über die freiwillige Zuordnung erfolgen. Losverfahren ist auch erlaubt.

Allerdings muss die Gruppe streng darauf achten, dass jedes Gruppenmitglied auch tatsächlich zu jedem Zeitpunkt des Arbeitsvorganges eine sachdienliche Beschäftigung hat. Das heißt, dass vermutlich auch Doppelfunktionen nötig sind. Sollte der Gruppenleiter während des Arbeitsprozesses feststellen, dass ein oder mehrere Tischgruppenmitglieder keine Aufgabe haben, muss er die Gruppenarbeit unterbrechen und die Tischgruppe auffordern, eine Aufgabe für die untätigen Kinder zur Verfügung zu stellen. Andernfalls erhält die Tischgruppe Minuszeichen in der Spalte BE in der Tafeltabelle. Meistens wählen die Übungsteilnehmer den Gruppenleiter, ordnen sich beliebten Funktionen zu und wenden das Losverfahren bei unbeliebten Funktionen an.

Ein absolutes Muss ist das Aufschreiben der Funktionen und der gewählten, freiwillig zugeordneten oder gelosten Funktionsträger in einem Organisationsplan! Alle Veränderungen, die während des Arbeitsprozesses vorgenommen wurden, müssen ebenfalls schriftlich im Organisationsplan festgehalten werden! Diese Vorgehensweise kostet am Anfang Zeit. Diese Zeit sollten Sie den Übungsteilnehmern unbedingt gewähren. Wenn die Funktionen zur Zufriedenheit der Gruppe, in jedem Falle aber gerecht verteilt wurden, gibt es während der „eigentlichen" Arbeit kaum noch Konflikte, und die Arbeitsmotivation aller Gruppenmitglieder erhöht sich. Die Kinder stellen fest, dass es klappt und dass sie die geforderte Leistung erbringen.

Beispiel: Organisationsplan

Namen der Kinder _____

_____

Gruppe _____ (I bis VI)   Datum _____

Organisationsplan

Aufgabe: Bitte ermittelt die Durchschnittsgröße eurer Gruppe.

Funktionen und Funktionsträger

Gruppenleiter und Helfer: *Sybill, Jörg und Julia*

Materialholer: *Matthias*

Materialverteiler: *Monika*

Schreiber: *Annika*

„Messer":   *Matthias, Monika*

Rechner und Helfer
(Kontrollrechner):   *Monika, Sybill, Jörg, Julia,
                                        Matthias, Annika*

Sprecher (Gruppensprecher):   *Matthias*

Materialbringer: *Jörg*

Die Festlegung der Funktionsträger für die Übung „Durchschnittsalter" dauert etwa 10 Minuten. Im Anschluss richten die Arbeitsgruppen ihre Mess-Stationen ein. Das kann eine Wand, ein Schrank etc. sein. Jeder weiß, was er zu tun hat. Nachdem gemessen, aufgeschrieben und gerechnet wurde, wird das Ergebnis vom Sprecher bekannt gegeben. Sie sollten nachrechnen. Zu diesem Zeitpunkt sind erfahrungsgemäß alle Gruppen mit der Aufgabe fertig, und es herrscht die erforderliche Arbeitsruhe bei Bekanntgabe der Ergebnisse. Ist das nicht der Fall, erhält die störende Gruppe in der Spalte AR ein Minuszeichen. Stimmt das Rechenergebnis, das der Sprecher angesagt hat, erhält die Gruppe in der Spalte ERG drei Pluszeichen. Sind der Gruppe während des Rechenvorganges Flüchtigkeitsfehler unterlaufen, erhält die Gruppe zwei Pluszeichen. Ist die gesamte Rechnung falsch, wird kein Pluszeichen vergeben.

24. Übungsstunde

A: Veränderungen
Die Beschreibung für diese Übung finden Sie auf Seite 58.

B: Mollekulkrankheit

Material: beschriftete Karteikarten

Materialbeschreibung:
Die „Mollekulkrankheit" ist eine Rätselgeschichte. Diese Geschichte ist absatzweise auf Karteikarten niedergeschrieben.

Karteikarten: s.S. 145/146, Anhang 3 a/b

Übungsbeschreibung:
Die Kinder sitzen an ihren Gruppentischen. Sie müssen sich organisieren, bevor sie mit der Gruppenarbeit beginnen. Danach erhält jede Gruppe einen Umschlag mit 13 gemischten Karteikarten. Die Gruppen sollen die Karteikarten in einer logischen Reihenfolge auf den Tisch legen und anschließend die Fragen, die auf der 13. Karteikarte stehen, schriftlich beantworten.

Übungsverlauf:
Sie geben die Aufgabe bekannt, das Material (Umschläge mit Karteikarten) liegt auf dem Pult, die erweiterte Tafeltabelle ist an die Tafel gezeichnet. Die Kinder müssen sich organisieren und die Funktionen sowie die Funktionsträger schriftlich festhalten. Die zu vergebenden Funktionen lauten:
- ⊙ Gruppenleiter und eventuell Helfer,
- ⊙ Schreiber,
- ⊙ Materialholer,
- ⊙ Kartenverteiler, damit nicht jedes Gruppenmitglied nach den Karteikarten im Umschlag greift,
- ⊙ Vorleser, denn die Texte auf den Karteikarten müssen vorgelesen werden,
- ⊙ Kartenleger, denn die Karteikarten müssen in logischer Reihenfolge auf den Tisch gelegt werden,

- Ideensammler, die Antwortvorschläge für die gestellten Fragen liefern,
- Sprecher für die Ergebnisbekanntgabe,
- Materialbringer,
- sonstige Funktionen, die die Gruppe für notwendig hält.

Ihre Aufgabe:
Beobachten Sie die Übungsteilnehmer bei ihrer Arbeit und tragen Sie die entsprechenden Zeichen in die Tafeltabelle ein. Im Anschluss an die absolvierte Aufgabe fragen Sie die Gruppenmitglieder, welche Kinder der Gruppe womit weitergeholfen haben und welchen Übungsteilnehmern dies wodurch nicht gelungen ist.
Nun erfolgt die Bewertung der Gruppenarbeit, wobei für jeden angemessenen Vorschlag, der auf die Frage 1 der 13. Karteikarte zutrifft, ein Pluszeichen vergeben wird. Für die zweite und dritte Frage erhalten die Gruppen bei richtiger Beantwortung ebenfalls je ein Pluszeichen.

Konflikte während der Gruppenarbeit

Gerade in der Anfangsphase der Einführung in die Gruppenarbeit kommt es sehr oft vor, dass die Übungsteilnehmer die von anderen Gruppenmitgliedern geäußerten Vorschläge oder Ideen herabwürdigen: „Ja spinnst du denn total? Dein Vorschlag ist wirklich bescheuert!" usw.
Da die Gesamtgruppe und die Kleingruppen sich zu diesem Zeitpunkt noch in der Machtkampf- und Kontrollphase/Normenfindung der Gruppenentwicklung befinden, ist dieses Verhalten überhaupt nicht verwunderlich.
Unter derartigen Diskriminierungen der Personen und Bewertungen der Arbeitsvorschläge und Ideen leidet das gesamte Arbeitsklima in der Gruppe und die Arbeitsmotivation der betreffenden Kinder lässt folglich zu wünschen übrig. Das wiederum hat Auswirkungen auf die Zeichen, die Sie in der Tafeltabelle notieren. Selbstverständlich kann dies in der Konsequenz bedeuten, dass eine Arbeitsgruppe in einen ernsthaften Konflikt gerät.
Wenn Sie einen herabwürdigenden Umgang zwischen den Übungsteilnehmern beobachten, müssen Sie unbedingt eingreifen. Häufig habe ich in diesen Situationen die gesamte Gruppenarbeit unterbrochen und die sich gegenseitig herabwürdigenden Gruppenmitglieder gebeten, der Gesamtgruppe das vorzuspielen, was sich in den letzten 3 Minuten in dieser Gruppe ereignet hat. Im Rollenspiel zeigen die Übungsteilnehmer häufig ein Verhalten, das in der Realität nicht sichtbar wurde. Ich korri-

giere an den entscheidenden Stellen und weise darauf hin, was ich gehört und gesehen habe. Die Gruppe erinnert sich ... Sehr schnell wird ihr und den anderen klar, was geschehen wäre, wenn die Gruppenarbeit nicht unterbrochen worden wäre (zu Konfliktlösungsmustern siehe Seite 40ff.). Doch was ist nun zu tun?

Fragen Sie die Kinder, was das Wort „Mut" bedeutet. Sie arbeiten heraus: sich etwas zutrauen! Die eigene Angst beherrschen und überwinden, ohne dabei unvorsichtig zu sein.

Fragen Sie die Kinder, wie sich wohl ein Mensch verhalten wird, dem man häufig sagt, dass er nichts kann oder nur Leistungen vollbringt, die „bescheuert" sind? Sie arbeiten heraus: ängstlich und unsicher.

Fragen Sie, was Angst und Unsicherheit mit den Kindern machen können? Sie erarbeiten: Angst und Unsicherheit können uns aggressiv/wütend machen oder bewirken, dass wir uns von den anderen zurückziehen und resignieren.

Fragen Sie die Kinder, ob es ihnen bei der Gruppenarbeit hilft, wenn andere wütend sind oder sich von ihnen und der Arbeit zurückziehen. Alles andere als ein klares „Nein!" wäre eine Überraschung.

Erinnern die Kinder sich an das vorhergehende Rollenspiel der Gruppe X? Was hätten die Gruppenmitglieder tun können, um zu vermeiden, dass Wut in der Gruppe entsteht?

Die Antwort liegt nahe: Sie hätten einander netter ansprechen müssen. Erklären Sie den Kindern, dass ein „Sich-freundlicher-Ansprechen" Mut macht, mehr zu sagen, mehr Ideen zu äußern oder Vorschläge zu machen.

Stellen Sie fest, dass man besser vorankommt, wenn man sich gegenseitig ermutigt. Aber wie macht man das? Wie kann man sich gegenseitig ermutigen? In einem Rollenspiel können die Kinder verschiedene Möglichkeiten der gegenseitigen Ermutigung erproben.

Ein wichtiges Ergebnis sollte sein, dass keine Idee und kein Vorschlag bewertet wird, sondern dass die Gruppe alle Ideen und Vorschläge sammelt und sich per Wahl- oder Losverfahren für eine Idee bzw. einen Vorschlag entscheidet.

25. Übungsstunde

A: Von der Gruppe selbsterdachte Vertrauensübungen

Die Beschreibung für diese Übung finden Sie auf Seite 60.

B: Bildergeschichte

Material: pro Gruppe 1 Donald-und-Daisy-Geschichte sowie Sprech- und Denkblasen

Materialbeschreibung:

Fotokopieren Sie aus einem Kindermalbuch oder aus einem Comic-Heft Donald-, Daisy- sowie Tick-, Trick- und Track-Bilder im Format DIN A4. Verändern Sie die fotokopierten Bilder so, dass sie Situationen darstellen, die eine zusammenhängende Geschichte ergeben. Kleben Sie die veränderte, selbst zusammengestellte Bildergeschichte auf große Pappen. Für die Figuren sollten Sie Sprech- und Denkblasen mit einem jeweils passenden Text anfertigen.

Übungsbeschreibung:

Die Kinder sitzen in ihren Arbeitsgruppen. Die Tafeltabelle ist eingerichtet. Jede Gruppe soll der Bildergeschichte die Sprech- und Denkblasen zuordnen. Das Material liegt auf dem Pult.

Übungsverlauf:

Nach Bekanntgabe der Aufgabe müssen sich die Übungsteilnehmer organisieren.
Die Funktionen und Funktionsträger werden schriftlich festgehalten:

- ⊙ Gruppenleiter, evtl. Helfer,
- ⊙ Materialholer,
- ⊙ Sprech- und Denkblasen-Verteiler,
- ⊙ Vorleser,
- ⊙ Sprech- und Denkblasen-Leger,
- ⊙ Sprecher für die Ergebnisbekanntgabe,
- ⊙ Materialbringer,
- ⊙ sonstige, andere von der Gruppe festgelegte Funktionen.

Das Material Comics hat einen hohen Aufforderungscharakter. Zumeist wollen die Kinder die Bilder anmalen. Für diesen Zweck sollten Sie Einzelkopien, die nicht auf Pappe geklebt sind, vorrätig haben. Es entstehen angeregte Diskussionen in den Gruppen, wo denn nun welche Sprech- oder Denkblase plaziert werden soll. Der Gruppenleiter und seine Helfer haben Schwierigkeiten, mit der Wortmeldeliste hinterherzukommen. Hier dürfen die Kinder schon einmal von der geregelten Kommunikation abweichen und ohne Wortmeldeliste arbeiten, jedoch sind Handzeichen Pflicht, wenn ein Beitrag geleistet werden will.

An der Tafel sollte ebenfalls ein Exemplar der Donald-und-Daisy-Geschichte befestigt sein und entsprechend Sprech- und Denkblasen zur Verfügung stehen.

Nach Abschluss der Übung tragen die Gruppen über die Sprecher ihre Ergebnisse vor. Dabei ist es erlaubt, dass die wartenden Gruppen per Handzeichen ihre Kommentare zu der Platzierung der Sprech- und Denkblasen abgeben. Da es sich um eine Text- und Bildinterpretation handelt, können die jeweiligen Sprech- und Denkblasen unterschiedlich angeordnet werden. Hier zählen Argumente, die andere Sichtweisen begründen, nicht aber Abstimmungen.

Entsprechend der Nachvollziehbarkeit der „Interpretationsargumente" werden Pluszeichen vergeben. Hierbei hat die Gesamtgruppe ein Mitspracherecht. Für jedes Bild mit „richtig zugeordneten" Sprech- und Denkblasen erhält die Gruppe ein Pluszeichen.

Nach Bewertung des Ergebnisses erfolgt wieder die Gesamtbewertung nach der Tafeltabelle.

Ihre Aufgabe:
Achten Sie darauf, dass die „Argumentationsschlacht" fair bleibt und kein Gruppenmitglied bzw. keine Gruppenarbeit diskriminiert wird.

Anmerkung:

Die Übungsteilnehmer lernen den Konsens als eine Form der Entscheidungsfindung kennen. Sie erfahren auch, dass die Konsensbildung erhebliche Zeit in Anspruch nimmt, ausgesprochen schwierig ist und sich in Großgruppen kaum anwenden lässt. Diese Tatsache macht das Abstimmungs- und Losverfahren in seiner Anwendbarkeit in Großgruppen für die Kinder einsehbar und attraktiver. Sich der Mehrheit zu beugen, ihre Entscheidung zu akzeptieren und zu unterstützen, bereitet den Kindern gerade in der Machtkampf- und Kontrollphase/Normenfindung Schwierigkeiten.

Die Akzeptanz von Mehrheitsentscheidungen erhöht sich durch obige und ähnliche Übungen enorm.

26.–28. Übungsstunde

A: Selbsterdachte Vertrauensübungen
Die Beschreibung für diese Übung finden Sie auf Seite 61.

B: Vater und Sohn

Material: für jede Arbeitsgruppe 1 Ferd'nand-Comic (siehe Anhang 4), 1 Bogen Zeichenpapier, unliniertes Papier, Scheren, Malstifte, Klebestifte

Materialbeschreibung: S.S. 147, Anhang 4

Übungsbeschreibung:
Die Gruppenmitglieder sitzen in ihren Arbeitsgruppen. Die Tafeltabelle ist angezeichnet. Das Material liegt auf dem Pult.
Jede Gruppe soll die vorgegebene Vater-und-Sohn-Geschichte in Einzelbilder zerschneiden, die Bilder anmalen und auf das Zeichenpapier aufkleben, Texte in Form von Sprech- und Denkblasen erstellen, die Sprech- und Denkblasen entsprechend zuordnen und aufkleben.

Übungsverlauf:
Nach Bekanntgabe der Aufgabe organisieren sich die Gruppen.
Funktionen und Funktionsträger werden schriftlich festgehalten:
- Gruppenleiter, evtl. Helfer,
- Schreiber,
- Materialholer,
- Schneider,
- Maler,
- Leger, die die Einzelbilder auf den Zeichenbogen legen,
- Kleber,
- Texter für die Sprech- und Denkblasen,
- Schneider, die die Sprech- und Denkblasen herstellen,
- Materialbringer,
- sonstige Funktionen.

Nun wird mit der „eigentlichen" Arbeit begonnen. Häufig vergessen die Übungsteilnehmer, in welcher Reihenfolge die Bilder aufgeklebt werden müssen, weil sie ja auseinandergeschnitten wurden. Deshalb liegt ein vollständiges Exemplar auf dem Pult. Der Materialholer müsste im Falle obiger Schwierigkeit das Exemplar zur Ansicht in die Gruppe holen, der Materialbringer es nach Ansicht wieder zum Pult bringen. Würden hier die Funktionsträger mit den Funktionen vertauscht, gäbe es ein Minuszeichen in der Tafeltabelle, Spalte AO.

Auch wenn wirklich schöne Bildergeschichten zu Stande kommen, einige zeigen sicherlich die Kooperationsschwierigkeiten innerhalb der Gruppen auf. So hat der Vater beispielsweise auf dem ersten Bild eine grüne Hose an und auf dem vierten eine blaue, der Sohn trägt auf dem dritten Bild ein gelbes Hemd mit rotem Kragen und auf dem siebten Bild ein rotes Hemd mit gelbem Kragen. Das führt zu Punktabzügen bei der Bewertung des Ergebnisses/ERG.

Bewerten Sie:
- fehlerfreie Texte auf den Sprech- und Denkblasen (max. 3 Pluszeichen),
- saubere Klebearbeiten bezüglich der Einzelbilder (max. 1 Pluszeichen),
- Sprech- und Denkblasen (max. 1 Pluszeichen),
- Einhaltung der vorgegebenen Reihenfolge der Einzelbilder (max. 3 Pluszeichen),
- saubere Schneidearbeiten bezüglich der Einzelbilder (max. 1 Pluszeichen),
- saubere Schneidearbeiten der Sprech-/Denkblasen (max. 1 Pluszeichen),
- Farbübereinstimmung der Einzelbilder (max. 3 Pluszeichen),
- Gesamteindruck der Bildergeschichte (max. 2 Pluszeichen).

Die Bildergeschichte „Vater und Sohn" ist in der Regel nach drei Übungsstunden fertiggestellt. In den drei Übungsstunden wird natürlich die Tafeltabelle benutzt.

Sie müssen die erreichten Plus- und Minuszeichen in den Spalten AR, AO und BE von Stunde zu Stunde übertragen, nur die Spalte ERG wird am Ende der gesamten Übung ausgefüllt.

Alle Plus- und Minuszeichen, die die Gruppen über die drei Übungsstunden erreicht haben, werden dann gegeneinander aufgerechnet.

Die Gruppe mit den meisten Pluszeichen erhält den ersten Rang bzw. die Note „sehr gut" usw.

Soziales Lernen

Ihre Aufgabe:

Beobachten Sie das Miteinander der Übungsteilnehmer und tragen Sie Ihre Beobachtungen in die Tafeltabelle ein. Suchen Sie die Arbeitsgruppen von Zeit zu Zeit auf und kontrollieren Sie den Arbeitsablauf oder geben Sie Unterstützung, wenn es in der Gruppenarbeit zu Schwierigkeiten kommt.

Das Abschlussgespräch findet statt, wenn die Gruppen ihre Bildergeschichten vorstellen. Fragen Sie auch, welches Gruppenmitglied seiner Gruppe wodurch, mit welchem Verhalten geholfen hat und welches Kind seine Gruppe wodurch gestört hat.

Anmerkung:

Spätestens nach Abschluss dieser Übung ist den Gruppenmitgliedern klar geworden, dass sie

⊙ durch eine gute Arbeitsruhe wesentlich konzentrierter arbeiten können,

⊙ durch eine gute Arbeitsorganisation Konflikte vermeiden können und deshalb schneller mit der Gruppenarbeit vorankommen,

⊙ durch eine gute Beteiligung am Arbeitsprozess die Aufgabe zügiger erledigen können.

Daneben wird das Arbeits-/Gruppenklima positiv beeinflusst. Jedes Gruppenmitglied hat zu jeder Zeit eine sachdienliche Aufgabe. Dadurch erhöht sich die Arbeitsmotivation aller und die erzielten Ergebnisse können sich sehen lassen.

Diese Form der Bewertung nimmt erheblichen Druck von den Kindern. Sie ist nicht ausschließlich ergebnisorientiert, wie es z.B. bei einer Mathematikarbeit der Fall ist, sondern sie schließt die sozialen Fähigkeiten ein, die unbedingt zu einer effektiven Gruppenarbeit gehören.

Zuhören und Feedback

Da sich die Übungsteilnehmer bis zu diesem Zeitpunkt schon recht gut aufeinander eingespielt haben und eine große Nähe zueinander entstanden ist, wächst das Bedürfnis, sich gegenseitig zu sagen, wie man sich selbst und die anderen wahrnimmt.

Auch Sie werden vermutlich neugierig auf die Meinung der Gruppenmitglieder bezüglich Ihres Verhaltens sein. Zwar wurde nach jeder Übungsstunde geklärt, welche Verhaltensweisen für die Gruppe förderlich oder störend sind und wer diese Verhaltensweisen ausübt. Es ist jedoch kaum dazu gekommen, dass einander gesagt wurde, was man aneinander leiden kann und was nicht. Das Feedback eignet sich hervorragend, um positive Verhaltensweisen der Gruppenmitglieder zu stärken, störende Verhaltensweisen zu korrigieren und um Beziehungen zueinander zu klären. Diese Beziehungsklärung hilft den Übungsteilnehmern, einander besser zu verstehen: „Warum macht Fritz das?"

Meistens ist nach Abschluss der Übung „Vater-Sohn-Bildergeschichte" der „richtige" Zeitpunkt gekommen, um die Einheit „Zuhören" und im Anschluss Feedback-Übungen durchzuführen. Nach Beendigung der Lerneinheit Zuhören und der Feedback-Übungen geht es zurück zu Aufgaben, die die Gruppenarbeit fördern.

29. Übungsstunde

A: Spinnennetz

Die Beschreibung für diese Übung finden Sie auf Seite 62.

B: Zuhören

Material: „Momo" von Michael Ende, Stuttgart 1973, Seite 14ff.,
1 Tisch, 2 Stühle, Schreibtischutensilien,
1 Locher, der als Telefon dient

Übungsbeschreibung:

Die Übungsteilnehmer sitzen im Stuhlkreis. Vor der Wandtafel wird ein Tisch mit den Schreibtischutensilien aufgestellt, an dem zwei Stühle stehen. Es wird ein Textabschnitt aus „Momo" vorgelesen und anschließend gutes sowie schlechtes Zuhören im Stegreifspiel demonstriert.

Übungsverlauf:

Nach kurzer Einführung in die Geschichte und der Erklärung, was ein Amphitheater ist, lesen Sie den Teilnehmern folgenden Text vor:

> „So kam es, dass Momo sehr viel Besuch hatte. Man sah fast immer jemand bei ihr sitzen, der angelegentlich mit ihr redete. Und wer sie brauchte und nicht kommen konnte, schickte nach ihr, um sie zu holen. Und wer noch nicht gemerkt hatte, dass er sie brauchte, zu dem sagten die anderen: „Geh doch zu Momo!"
>
> Dieser Satz wurde nach und nach zu einer feststehenden Redensart bei den Leuten der näheren Umgebung. So wie man sagt: „Alles Gute!" oder „Gesegnete Mahlzeit!" oder „Weiß der liebe Himmel!", genauso sagte man bei allen möglichen Gelegenheiten: „Geh doch zu Momo!"
>
> Aber warum? War Momo vielleicht so unglaublich klug, dass sie jedem Menschen einen guten Rat geben konnte? Fand sie immer die richtigen Worte, wenn jemand Trost brauchte? Konnte sie weise und gerechte Urteile fällen?
>
> Nein, das alles konnte Momo ebenso wenig wie jedes andere Kind. Konnte Momo dann vielleicht irgend etwas, das die Leute in gute Laune versetzte? Konnte sie zum Beispiel besonders schön singen? Oder konnte sie irgendein Instrument spielen? Oder konnte sie – weil sie doch in einer Art Zirkus wohnte – am Ende gar tanzen oder akrobatische Kunststücke vorführen?

Nein, das war es auch nicht.

Konnte sie vielleicht zaubern? Wusste sie irgendeinen geheimnisvollen Spruch, mit dem man alle Sorgen und Nöte vertreiben konnte? Konnte sie aus der Hand lesen oder sonstwie die Zukunft voraussagen?

Nichts von alledem.

Was die kleine Momo konnte wie kein anderer, das war: zuhören.

Das ist doch nichts Besonderes, wird nun vielleicht mancher Leser sagen, zuhören kann doch jeder.

Aber das ist ein Irrtum. Wirklich zuhören können nur ganz wenige Menschen. Und so wie Momo sich aufs Zuhören verstand, war es ganz und gar einmalig.

Momo konnte so zuhören, dass dummen Leuten plötzlich sehr gescheite Gedanken kamen. Nicht etwa, weil sie etwas sagte oder fragte, was den anderen auf solche Gedanken brachte, nein, sie saß nur da und hörte einfach zu, mit aller Aufmerksamkeit und aller Anteilnahme. Dabei schaute sie den anderen mit ihren großen, dunklen Augen an, und der Betreffende fühlte, wie in ihm auf einmal Gedanken auftauchten, von denen er nie geahnt hatte, dass sie in ihm steckten.

Sie konnte so zuhören, dass ratlose oder unentschlossene Leute auf einmal ganz genau wussten, was sie wollten. Oder dass Schüchterne sich plötzlich frei und mutig fühlten. Oder dass Unglückliche und Bedrückte zuversichtlich und froh wurden. Und wenn jemand meinte, sein Leben sei ganz verfehlt und bedeutungslos und er selbst nur irgendeiner unter Millionen, einer, auf den es überhaupt nicht ankommt und der ebenso schnell ersetzt werden kann wie ein kaputter Topf – und er ging hin und erzählte alles das der kleinen Momo, dann wurde ihm, noch während er redete, auf geheimnisvolle Weise klar, dass er sich gründlich irrte, dass es ihn, genauso wie er war, unter allen Menschen nur ein einziges Mal gab und dass er deshalb auf seine besondere Weise für die Welt wichtig war.

So konnte Momo zuhören!"

Fragen Sie die Kinder im Anschluss, was Momo mit ihrer Gruppe zu tun haben könnte. Die Kinder schlussfolgern sehr schnell, dass ihnen das Zuhören noch nicht so gut gelingt wie Momo. Bitten Sie dann einen selbstbewussten Übungsteilnehmer zu sich, die anderen Kinder setzen sich so, dass sie den vorbereiteten „Schreibtisch" gut sehen können, dass er also als „Bühne" fungiert.

Spielen Sie mit dem Kind nach kurzer Absprache zuerst schlechtes und dann gutes Zuhören eines Pädagogen in einer Beratungssituation vor: Ein Vater/eine Mutter kommt in eine Erziehungsberatungsstelle und klagt sein/ihr Leid über das ungezogene Kind. Der Übungsteilnehmer übernimmt die Rolle des Ratsuchenden, der Übungsleiter die des Pädagogen/ Beraters. Die Gruppe muss Verhaltensweisen beobachten, die gutes bzw. schlechtes Zuhören der Agierenden deutlich machen.

Ein Beispiel für schlechtes Zuhören: Der Berater wendet dem Ratsuchenden häufig den Rücken zu, spricht von eigenen Schwierigkeiten, telefoniert lange mit seiner Freundin, sortiert Unterlagen, legt die Füße auf den Schreibtisch und anderes mehr – und interessiert sich offensichtlich nicht für die Situation des Ratsuchenden.

Dagegen: Er begrüßt den Ratsuchenden freundlich, bietet ihm einen Platz an, hört sich mit aller Anteilnahme das Problem an, hält Blickkontakt, stellt Fragen, die der Klärung dienen, bittet den Ratsuchenden, mit dem „ungezogenen" Kind wiederzukommen usw.

Nach Beendigung der Stegreifspiele wird im Gespräch geklärt, welche Verhaltensweisen als „Gesprächsförderer" bzw. als „Gesprächsstörer" dienen (siehe auch: Christian Weisbach u.a., „Zuhören und verstehen", Rowohlt 1979) und welche Gesprächsregeln die Übungsteilnehmer für ihre Gruppe verbindlich anwenden wollen.

Ihre Aufgabe:
Immer wieder an die vereinbarten Gesprächsregeln erinnern.

30. Übungsstunde

A: Spiel erfinden
Die Beschreibung für diese Übung finden Sie auf Seite 101.

B: Stille Post

Material: -

Übungsbeschreibung:
Die Übungsteilnehmer sitzen im Stuhlkreis. Sie denken sich ein Wort aus, das Sie Ihrem Sitznachbarn ins Ohr flüstern; dieser flüstert es dem nächstsitzenden Kind ins Ohr usw. Das Wort soll wie bei der „Stillen Post" möglichst unverfälscht wieder bei Ihnen ankommen.

Übungsverlauf:
Sagen Sie den Kindern, dass es darauf ankommt, das erdachte Wort nicht schnell, sondern richtig weiterzuflüstern. Vermutlich stellt sich schnell heraus, dass es gar nicht so einfach ist,

verständlich zu flüstern. Die Übungsteilnehmer haben meist großen Spaß an dieser Aufgabe und entwickeln einen erstaunlichen Ehrgeiz. Wenn die Übung erfolgreich durchgeführt wurde oder es sich als zu schwierig erweist, die Aufgabe in der Großgruppe zu lösen, können Sie eine Variante anbieten.

Variante:
Suchen Sie sich einen geeigneten Helfer als zweiten Übungsleiter aus. Die Gruppe bildet zwei gleich große Stuhlkreise.

Sie verabreden mit dem anderen Übungsleiter ein erdachtes Wort, das Sie zum gleichen Zeitpunkt in den Kleingruppen auf die Reise schicken. Die Kleingruppe, die das weitergeflüsterte Wort zuerst und richtig wiedergeben kann, erhält einen Punkt.

Ihre Aufgabe: Achten Sie auf Fairplay.

31. Übungsstunde

A: Spiel erfinden

Die Beschreibung für diese Übung finden Sie auf Seite 101.

B: Hörspiel/Tonbandgeschichte

Material: 1 Kassettenrekorder, 1 Kassette

Übungsbeschreibung:
Die Kinder sitzen im Stuhlkreis. In der Mitte des Stuhlkreises steht der aufnahmebereite Rekorder. Die Übungsteilnehmer einigen sich auf eine Überschrift für die nachfolgend zu erzählende Geschichte. Lassen Sie Vorschläge sammeln und gemeinsam abstimmen. Sobald eine Überschrift gefunden ist, wird der Kassettenrekorder eingeschaltet und mit dem Geschichtenerzählen begonnen. Reihum sagt jeder Übungsteilnehmer einen Satz. Sie sollten die Geschichte an geeigneter Stelle beenden. Im Anschluss hören sich alle Übungsteilnehmer die Aufnahme gemeinsam an.

Übungsverlauf:
Für die Kinder ist diese Übung ausgesprochen spannend. Die eigene Stimme wird, ebenso wie alle Nebengeräusche, vom Tonband wiedergegeben: „Nein, so laut sind wir doch nicht!" oder „Das hört sich ja schrecklich an! Wir müssen diese Übung wiederholen – jetzt aber richtig!" – zwei beispielhafte Kommentare, die die Kinder abgeben, wenn sie ihre selbst erfundene Geschichte hören.

Ihre Aufgabe:
Üben Sie, bevor es zu einer Aufnahme kommt, mit den Kindern gemeinsam das Geschichtenerzählen. Erarbeiten Sie im Anschluss an die Aufnahme, warum es an bestimmten Stellen in der Geschichte zu Kommunikationszusammenbrüchen gekommen ist, etwa: „Sabine hat überhaupt nicht zugehört und deshalb etwas erzählt, das nicht zur Geschichte passt."
Es macht sicherlich viel Mühe, ist aber lohnend, wenn Sie zudem die Aufnahme, inklusive aller Nebengeräusche und Äußerungen, auf Papier übertragen.

Die Kinder bekommen dann die Aufgabe, Kommunikationszusammen-brüche zu unterstreichen und zu korrigieren. Ist die Geschichte wirklich gut gelungen, wird sie in der Schulzeitung veröffentlicht.

Anmerkung:
Einige Kinder trauen sich nicht, einen Satz auf das Band zu sprechen und verweigern deshalb ihre Mitarbeit. Sie sollten ihnen anbieten, nur ein Wort zu sprechen. Zudem sollte eine Hilfestellung im Flüsterton durch andere Übungsteilnehmer ausdrücklich zugelassen sein.
Immer wieder kommt es vor, dass einige Kinder Horrorszenen aus dem Fernsehen in die Geschichten einbauen wollen. Horrorversionen lassen (glücklicherweise) regelmäßig den Erzählfluss der Gesamtgruppe zusammen-brechen, da die adaptierten Monster jedes Spielen mit der eigenen Fantasie im Keim ersticken. Die Kinder merken schnell, dass es mehr Er-zählfreude bereitet, wenn z.B. ein einfacher Wald in einen Zauberwald verwandelt wird, als wenn sie von einem Zombie verfolgt werden.

32. Übungsstunde

A: Spiel erfinden

Die Beschreibung für diese Übung finden Sie auf Seite 101.

B: Wiederholte Meinungen

Material: Kontroverses Diskussionsthema

Übungsbeschreibung:
Die Kinder sitzen im Stuhlkreis. Stellen Sie ein Thema zur Diskussion, das kontrovers besprochen werden soll. Jedes Kind, das einen Beitrag leistet, soll vorher den Redebeitrag des Vorgängers zusammenfassen. Ist die Zusammenfassung fehlerhaft, muss sie korrigiert werden. Erst nach der Korrektur kann der eigene Redebeitrag erfolgen.

Übungsverlauf:
Die Gesprächsregel (Wiederholung des Beitrages des Vorredners – eigener Redebeitrag) fällt den Kindern anfangs schwer, weil sie sehr ungewohnt ist. Die Gesprächsregel zwingt jedoch dazu, einander aufmerksam zuzuhören. Daneben bemühen sich die Kinder um präzise Aussagen. Ein Gesprächsthema wie z.B. „Kann die Medizin auf Tierversuche verzichten?" wird trotz der Gesprächsregel lebhaft diskutiert.
Es ist sehr hilfreich, diese Gesprächsregel auch in anderen Unterrichtsstunden anzuwenden. Sie hilft den Kindern, einander wirklich zuzuhören und aufeinander Bezug zu nehmen. Auch wird eine häufige Wiederholung inhaltsgleicher Redebeiträge vermieden.

Ihre Aufgabe:
Das Gesprächsthema muss tatsächlich kontrovers diskutierbar sein. Achten Sie auf die Einhaltung der Gesprächsregel und auf eine persönliche Ansprache der Gesprächsteilnehmer.

33. Übungsstunde

A: Spiel erfinden

Die Beschreibung für diese Übung finden Sie auf Seite 101.

B: Einführung „Feedback" und Feedback-Regeln

Material: -

Übungsbeschreibung:
Die Übungsteilnehmer sitzen in ihren Arbeitsgruppen. Die Tafeltabelle ist angezeichnet. Es findet eine Gesprächsstunde zum Thema „Wir über uns" statt.

Übungsverlauf:
Erklären Sie den Kindern, dass Sie in der Vergangenheit gemeinsam darüber gesprochen haben, wie man sich gegenseitig unterstützen oder stören kann. Sie haben aber noch nicht darüber gesprochen, wie Sie sich gegenseitig finden, was Sie aneinander mögen und was Sie nicht so gern mögen.

Leiten Sie die Erarbeitung von Feedback-Regeln etwa mit folgenden Worten ein: „Es ist völlig normal, dass man nicht jeden aus der Gruppe gleichermaßen gern haben kann. Man wird mit den Gruppenmitgliedern zusammenkommen, die man mag, und die Personen meiden, die einem irgendwie unsympathisch sind.

Du wirst wahrscheinlich Gruppenmitglieder meiden, die nicht so nett zu dir sind wie deine Freunde. Und trotzdem haben auch diese Gruppenmitglieder Eigenschaften, die du schätzen wirst, wenn du sie kennen lernst. Wie kannst du diese Eigenschaften kennen lernen, wenn du nicht nach ihnen fragst oder keine Möglichkeiten schaffst, die dich in die Lage versetzen, diese Eigenschaften zu beobachten?

Es wird auch Kinder geben, die dir manchmal richtig auf die Nerven gehen und nicht damit aufhören, obwohl du sie darum bittest. Warum tun sie das? Was wollen sie von dir? Wir können diese Fragen klären, wenn wir uns gegenseitig sagen, was wir über uns selbst und die anderen denken und was wir dabei fühlen, wenn wir miteinander sprechen.

Solche Gespräche nennt man Feedback, also Rückmeldung. Feedback hilft uns, Fehler, die wir machen, zu erkennen und zu verbessern. Feedback hilft uns aber auch, gute Eigenschaften nicht zu vergessen, sondern immer wieder zu zeigen. Feedback wird uns unserem Ziel, eine gute Klassengemeinschaft zu werden, ein ganzes Stück näher bringen, wenn wir einige Gesprächsregeln dabei beachten. Bevor es richtig losgeht, möchte ich diese Regeln mit euch erarbeiten. Wie sollte man jemandem sagen, was man an ihm nicht mag, damit dieser die Störungen unterlässt?"

Feedback-Regeln, die die Kinder in der Regel erarbeiten:
- nach einer Störung/einem Ärgernis das Klärungsgespräch so schnell wie möglich führen;
- prüfen, ob die aufgetretene Störung veränderbar ist; ein stotterndes Kind wird seinen Sprachfehler erst nach einer Therapie verlieren; ein besonders ängstliches Kind wird erst durch mehr Selbstvertrauen dazu kommen, weniger zu weinen usw.;
- einen freundlichen Ton wählen;
- den anderen fragen, ob er Zeit für ein kurzes Gespräch hat;
- die aufgetretene Störung anhand eines Beispieles beschreiben, aber nicht bewerten oder deuten oder nach Motiven suchen wie z.B. „Das war richtig gemein von dir, ich glaube, du wolltest mich vor den anderen fertig machen, damit du groß dastehen konntest!";
- bei der Beschreibung der Störung nicht übertreiben, also aus einer Mücke keinen Elefanten machen;
- die Worte „immer", „nie" etc. ausklammern: „Nie hörst du mir zu!";
- die eigenen Gefühle, die bei der Störung zu spüren waren, beschreiben: „Als du das zu mir gesagt hast, fühlte ich mich allein gelassen.";
- eine direkte Ansprache wählen: „Du hast ..." und nicht „Er/sie hat ..."

Diese Feedback-Regeln werden auf eine große Pappe geschrieben und im Klassenraum ausgehängt.

34. + 35. Übungsstunde

A: Spiel erfinden
Die Beschreibung für diese Übung finden Sie auf Seite 101.

 ## 36. Übungsstunde

A: Zuhören
Die Beschreibung für diese Übung finden Sie auf Seite 84.

 ## 37. Übungsstunde

Stille Post
Die Beschreibung für diese Übung finden Sie auf Seite 87.

 ## 38. Übungsstunde

A: Hörspiel/Tonbandgeschichte
Die Beschreibung für diese Übung finden Sie auf Seite 89.

B: Feedback-Stuhl

Material: -

Übungsbeschreibung:
Die Gruppenmitglieder sitzen in einem Stuhlkreis. In der Mitte steht ein freier Stuhl. Beginnen Sie und legen Sie einen persönlichen Gegenstand auf den Stuhl: Tuch, Schlüssel, Armbanduhr oder Ähnliches.
Nacheinander gehen nun bereitwillige Gruppenmitglieder zu dem freien, mit Ihrem Gegenstand „belegten" Stuhl und äußern dort positive sowie negative Eigenschaften/Verhaltensweisen, die sie an Ihnen beobachtet haben. Dabei müssen die Feedback-Regeln eingehalten werden.
Im Anschluss an die Übung sollten Sie auf das Feedback der Gruppenmitglieder eingehen.
Nun kann ein Kind den freien Stuhl mit einem persönlichen Gegenstand „besetzen" usw.

Übungsverlauf:
Die Kinder finden es zunächst eigenartig, dass sie zu einem Stuhl bzw. einem persönlichen Gegenstand sprechen sollen. Aber der Hinweis, dass es zu Anfang voraussichtlich einfacher ist, sich auf diese Weise Feedback geben zu lassen, überzeugt die Kinder.
Zumeist beginnt das mutigste Gruppenmitglied oder ein Übungsteilnehmer, der unbedingt Ihnen gegenüber etwas loswerden muss. Die Kinder nehmen wahr, dass Sie sich das Feedback ruhig anhören und sie erfahren, dass Sie am Ende der Feedback-Runde eine Stellungnahme abgeben. Bewerten oder bagatellisieren Sie die Aussagen der Kinder in keinem Fall! Fragen Sie nur nach, wenn Sie etwas nicht verstanden haben. Der Tenor Ihrer Stellungnahme sollte in jedem Fall lauten: „Danke, dass ihr mir das gesagt habt! Ich werde mich bemühen, mein Verhalten zu ändern bzw. häufiger zu zeigen!" Die Übungsteilnehmer erleben anhand Ihrer Reaktion, dass Feedback unbedingt erlaubt ist und nicht sanktioniert wird. Ihre Reaktion, künftig bestimmte Verhaltensweisen vermeiden oder

häufiger anwenden zu wollen, verhilft den Kindern zu dem Schluss, dass Feedback nützlich ist. Nun bekommen nacheinander die Gruppenmitglieder die Möglichkeit, Feedback zu erhalten. Die Kinder machen hiervon aller Erfahrung nach regen Gebrauch.

Ihre Aufgabe:
Achten Sie auf die Einhaltung der Feedback-Regeln und darauf, dass nur Gruppenmitglieder Feedback geben können, die mit der positiven „Rückmeldung" beginnen.

Anmerkung:
Bestehen Sie darauf, dass die Übungsteilnehmer mit dem positiven Feedback beginnen. Es macht deutlich, dass die Gruppenmitglieder trotz aller Kritik einander schätzen. Feedback wird durch positive Rückmeldung besser angenommen und es kommt viel eher zu den angestrebten Verhaltensänderungen.
Es gibt zahlreiche Feedback-Übungen. Klaus W. Vopel hat in seinen Büchern „Interaktionsspiele für Kinder", die im Isko-Press Verlag erschienen sind, gute Feedback-Übungen festgehalten, auf die ich hier verweisen möchte. Für besonders geeignet im Anschluss an „Feedback-Stuhl" halte ich die folgenden Übungen:

1. **„Ich mag an dir – Positives Feedback IV", Teil 4, S. 68ff.**
   In dieser Übung geben die Kinder einander ausschließlich positives Feedback.
2. **„Auf seine Art und Weise", Teil 4, S. 87f.**
   In dieser Übung geben die Kinder einander ein umfassenderes Feedback, als es verbal möglich ist.
3. **„Schein und Sein", Teil 3, S. 91f.**
   Hier geht es darum, wie Kinder auf andere wirken möchten und wie sie manchmal wirklich sind.

Führen Sie die Übungen in der angegebenen Reihenfolge durch.

Ihre Aufgabe:
Achten Sie darauf, dass die Feedback-Regeln auch in Alltagsgesprächen angewendet werden. Dies führt auf Dauer dazu, dass die Gruppenmitglieder die Feedback-Regeln nicht nur in Übungen, sondern auch im täglichen Zusammenleben, in „Ernstfall-Situationen" anwenden.

39. Übungsstunde

A: Wiederholte Meinungen

Die Beschreibung für diese Übung finden Sie auf Seite 91.

B: Feedback-Post

Material:
ein Postfach für jedes Gruppenmitglied, also auch für Lehrer und/oder Übungsleiter

Materialbeschreibung:
Für jedes Gruppenmitglied (Schüler, Lehrer, Übungsleiter) wird ein Postfach eingerichtet. Diese Postfächer können aus größeren Schachteln bestehen, die Sie gemeinsam mit den Kindern herstellen (eine Kopiervorlage befindet sich im Anhang 5, S. 148). Die Schachteln werden mit den Namen der Postfachinhaber versehen und aufeinandergeklebt.

Übungsbeschreibung:
Alle Gruppenmitglieder können in den unterrichtsfreien Zeiten, z.B. in den Pausen, Botschaften in das Postfach des jeweiligen Adressaten hinterlegen. Diese Botschaften werden auf Zettel oder Karteikarten geschrieben.
Für alle verpflichtend ist, dass die Botschaften immer mit den Worten beginnen: „Ich wünsche mir von dir, dass du …" oder „Ich wünsche mir von Ihnen, dass Sie …". Die Botschaften müssen vom Adressaten unterschrieben werden.
Die Empfänger dürfen die Botschaften in der unterrichtsfreien Zeit aus ihrem Postfach nehmen und diese erst „vergessen", wenn sie mit dem jeweiligen Absender über dessen Anliegen gesprochen haben.

Übungsverlauf:
Nachdem die Postfächer von der Gruppe erstellt sind – am besten, Sie fertigen die Schachteln in der Klasse selbst an – erfolgt eine Einführung in den Zweck und die Schreibweise von Botschaften. Die schriftlichen Botschaften erfüllen den Zweck, miteinander im Gespräch zu bleiben und Feedback durchgängig zu ermöglichen. Die verbindlichen Satzanfänge wurden gewählt, um eine positive Ausdrucksweise zu ermöglichen.

Ob sie schreiben: „Du sollst dich mit mir häufiger am Nachmittag treffen!" oder „Ich wünsche mir von dir, dass du dich häufiger mit mir am Nachmittag triffst", macht einen Unterschied. Durch die Äußerung von Kritik bzw. Forderungen in Form eines Wunsches wird ein Gesprächspartner viel eher bereit sein zuzuhören, weil er sich nicht abgelehnt oder unter Druck gesetzt fühlt.

Die Übungsteilnehmer greifen diese Form der Kontaktaufnahme und Kommunikationsmöglichkeit zumeist dankbar auf. In der Anfangszeit schreiben sie sich sehr häufig. Späterhin werden die Postfächer weniger genutzt, weil die Teilnehmer zunehmend direkt aufeinander zugehen.

Ihre Aufgabe:

Erinnern Sie von Zeit zu Zeit an die Einhaltung der verbindlichen Satzanfänge der Botschaften und weisen Sie darauf hin, dass die Briefe nur in den Pausen geschrieben werden dürfen. Andernfalls müssen die Postfächer für einige Zeit geschlossen werden.

Anmerkung:

Die Kinder nutzen die Möglichkeit äußerst rege, Lehrern über die Postfächer etwas mitzuteilen – aber auch die Lehrer teilen ihren Schülern über die Postfächer etwas mit. Themen, die aus Zeitnot nicht angesprochen werden konnten, geraten auf diese Weise nicht in Vergessenheit. Die Lehrer wissen, dass die Kinder ihnen nur schreiben, wenn es wirklich wichtig ist. Folglich nehmen sich die Lehrer Zeit für Gespräche mit ihren Schülern.

Auch die Lehrer können über die Postfächer miteinander Kontakt aufnehmen. So mancher Wunsch wurde auf diesem Wege erfüllt!

Hin und wieder kommt es vor, dass ein Kind nicht seinen eigenen, sondern einen fremden Namen unter die Botschaft setzt. Beispielsweise schrieb Anna an Thomas: „Ich wünsche mir von dir, dass du mit mir gehst." Sie unterzeichnete allerdings mit „Sabine". Thomas sprach nach Erhalt der Botschaft Sabine an, die aus allen Wolken fiel. Anna beobachtete das Schauspiel und amüsierte sich.

In solchen Fällen müssen Sie eingreifen und die Verantwortlichen „zur Rechenschaft" ziehen. Die Gesamtgruppe wird nach einem Gespräch feststellen, dass dies keine Späße sind, sondern grobe Verletzungen der Postfachregel, die Misstrauen hervorrufen.

Nach Abschluss der Übung „Feedback-Post" können Sie mit der Gruppenarbeit fortfahren. Jetzt bleiben nur noch wenige Übungsstunden für die Gruppenarbeit im Rahmen des Projektes „Soziales Lernen" zur Verfügung. Soll die Gruppenarbeit im allgemeinen Unterricht weitergeführt werden, müssen den Schülern speziell aufbereitete Unterrichtsthemen angeboten werden.

Eine solche Aufbereitung der Unterrichtsthemen besteht darin, den Schülern bei der Bearbeitung der Aufgabe zu ermöglichen, verschiedene Arbeitsschritte/Funktionen ermitteln und verteilen zu können, sodass jedes Kind zu jedem Zeitpunkt eine sachdienliche Beschäftigung erhalten kann. Daneben muss der Einsatz der Tafeltabelle gewährleistet sein.

Wenn Sie dieses Prinzip durchbrechen, haben Sie nach etwa zehn Unterrichtsstunden die herkömmlichen Schwierigkeiten wiederbelebt, die sich bei der üblichen Gruppenarbeit zeigen. Die Konsequenz wird sein, dass Sie die Gruppenarbeit als eine binnendifferenzierende Unterrichtsmethode zunehmend außer Acht lassen und die Fähigkeiten, die die Schüler erworben haben, werden verschüttet: soziale Kompetenz, Übernahme von Verantwortung für Lernen und Verhalten, Rollenausgestaltung, Feedback geben und entgegennehmen, Umgang mit Konflikten, Entscheidungen treffen.

40. Übungsstunde

A: Einführung Feedback und Feedback-Regeln
Die Beschreibung für diese Übung finden Sie auf Seite 92.

 ## 41.–44. Übungsstunde

A: Feedback-Stuhl
Die Beschreibung für diese Übung finden Sie auf Seite 95.

Hierzu gehören unbedingt auch die Übungen „Ich mag an dir ...", „Auf seine Art und Weise" und „Schein und Sein" von Klaus W. Vopel (s.S. 96).

 ## 45. Übungsstunde

A: Feedback-Post
Die Beschreibung für diese Übung finden Sie auf Seite 97.

40.–45. Übungsstunde

B: Spiel erfinden

Material:
3 Würfel pro Gruppe, 1 Bogen Zeichenpapier DIN A3 pro Gruppe, liniertes Papier DIN A4, Blankopapier DIN A4, Klebestifte, Scheren, Malstifte, Lineale

Übungsbeschreibung:
Die Kinder sitzen in ihren Arbeitsgruppen. Die Tafeltabelle ist angezeichnet. Die Aufgabe steht an der Tafel: „Erfindet ein Spiel, das es noch nicht gibt. Ihr dürft nur das Material verwenden, das euch zur Verfügung steht." Die Gruppenmitglieder müssen sich organisieren, also Funktionen und Funktionsträger schriftlich festhalten, bevor sie mit der Arbeit beginnen.

Übungsverlauf:
Die Gruppenmitglieder organisieren sich:
- Gruppenleiter und evtl. Helfer,
- Schreiber,
- Materialholer,
- Ideensammler (Spielidee und Umsetzbarkeit),
- Zeichner,
- Texter,
- Kleber,
- Schneider,
- Materialbringer,
- Sonstiges.

Im Unterschied zu Erwachsenen denken Kinder nicht so kompliziert. Sie gehen viel unbefangener an diese Aufgabe heran: Die Kinder beginnen ihre Arbeit mit der Festlegung einer groben Spielidee und der Anfertigung von Spielfeld und Spielfiguren. Erst zum Schluss erarbeiten Sie das Spielkonzept, also Spielziel, Spielregeln etc.

Im Verlauf der Gruppenarbeit wird die anfangs grobe Spielidee per Abstimmung verfeinert und die sich daraus ergebenden Arbeitsschritte werden festgelegt. Ganz zum Schluss formulieren die Gruppenmitglieder Spielregeln für ihr erfundenes Spiel und denken sich einen Namen aus.

Nach etwa sechs Unterrichtsstunden werden die selbst erfundenen Spiele vorgestellt. Dabei gehen die Gruppen nacheinander zur Tafel und halten ein Kurzreferat. Die Tafeltabelle bleibt dabei im Einsatz.

Dieses Referat muss folgende Informationen enthalten:

⊙ Spielname,
⊙ Spielziel,
⊙ Spielregeln.

Daneben werden

⊙ der Gesamteindruck des Spieles (saubere Verarbeitung etc.)
⊙ und der Vortrag der Gruppe (Klarheit/Verständlichkeit, Rollentausch der Vortragenden, Einhaltung der Arbeitsruhe) bewertet.

Für jedes Kriterium (Spielname, Spielziel, Spielregeln, Gesamteindruck des Spieles, Vortrag) kann die Gruppe maximal 2 Pluszeichen erhalten.

Haben die Gruppen ihre Spiele vorgestellt, werden die Plus- und Minuszeichen aller Stunden, die für die Übung „Spiel erfinden" vergeben wurden, aufgerechnet. Die Gruppe mit den meisten Pluszeichen erhält den ersten Rang oder die Note „sehr gut" usw.

Ihre Aufgabe:

Beobachtung der Arbeitsgruppen und Verteilung von Plus- und Minuszeichen in der Tafeltabelle. Natürlich stehen Sie als Ansprechpartner für die Gruppen zur Verfügung und geben Hilfestellung, wenn Schwierigkeiten in der Zusammenarbeit oder in den Arbeitsabläufen auftreten.

Anmerkung:

Oftmals ist es eine wahre Freude, den Kindern bei der Arbeit zuzusehen. Um die gezeigte Kreativität nicht abrupt zu unterbrechen, können Sie Übungen zur Kreativitätsförderung anfügen.

46.–51. Übungsstunde

A + B: Erdbeerpflückmaschine

Material: Zeichenpapier, Malstifte

Übungsbeschreibung:
Die Gruppenmitglieder sitzen in ihren Arbeitsgruppen. Jeder Übungsteilnehmer erhält einen Bogen Zeichenpapier. Die Kinder sollen eine „Erdbeerpflückmaschine" zeichnen.

Übungsverlauf:
Betten Sie die Aufgabe in eine Geschichte ein. Erzählen Sie den Kindern zum Beispiel mit einem „Augenzwinkern", dass Sie ein großes Stück Land geerbt haben. Eigentlich wollten Sie dort ein Haus bauen, Sie haben aber keine Baugenehmigung erhalten, da es sich um Ackerland handelt.
Eine von einem Institut untersuchte Bodenprobe ergab, dass Sie auf Ihrem Land am besten Erdbeeren anpflanzen sollten. Sie haben daraufhin Erdbeerpflänzchen in die Erde gesetzt und dabei festgestellt, dass Sie mit der Ernte der Früchte überfordert sein werden.
Spontan wollen Ihnen alle Übungsteilnehmer bei der kommenden Ernte helfen. Das jedoch wird nicht gehen, weil das Land viel zu groß ist. Was Sie brauchen, ist eine Erdbeerpflückmaschine.
Bitten Sie die Übungsteilnehmer an dieser Stelle, entsprechende Konstruktionszeichnungen anzufertigen. Die wollen Sie später einem Ingenieur zur Prüfung vorlegen, der beurteilen soll, welche dieser Erdbeerpflückmaschinen herstellbar ist und wie teuer ihre Herstellung wird.
Mit Feuereifer stürzen sich die Kinder in der Regel auf diese Aufgabe. Bald durchschauen sie meist, dass sie „angeflunkert" wurden. Das kostet sicherlich eine Wiedergutmachung in Form eines Erdbeereises.

Es entsteht ein Gespräch über den Themenkomplex „Unmögliches möglich machen!" oder „Wie komme ich in schwierigen Situationen zu rettenden Ideen"?
Vertiefen Sie das spielerisch, indem Sie
- Elefantenwiegemaschinen,
- Wunscherfüllungsmaschinen oder
- Helfermaschinen

entwickeln. Natürlich können die Ideen, die diesen Maschinen zu Grunde liegen, auch schriftlich formuliert werden.

Die Helfermaschine ist beispielsweise behilflich bei der Bewältigung unliebsamer Aufgaben oder bevorstehender Probleme.

Auf diese Art und Weise wurden Meerschweinchenwasch- und Käfigsaubermachmaschinen, Hausaufgabenerledigungs-, Zimmeraufräum-, Entspannungs-, Ozonlochverhinderungs-, Friedens- und Familienkrachvermeidungs- sowie Versöhnungsmaschinen angefertigt.

d Praktische Übungen in der Phase der Trennung

Das Projekt „Soziales Lernen" nähert sich dem Ende und die Phase der Trennung wird eingeleitet.

 ## 52.–54. Übungsstunde

A + B: Wiederholung beliebter Übungen

Das Abschiednehmen fällt schwer. Sprechen Sie über gemeinsame Erlebnisse. Wie es am Anfang der Begegnung war, was Sie heute anders machen würden, welche Übungen die Kinder besonders beeindruckten und ob sich durch das „Soziale Lernen" wohl etwas verändert hat.
Wiederholen Sie die Übungen, die den Kindern besonders gut gefallen haben. Für die Gespräche und Übungswiederholungen sollten ca. 3 Unterrichtsstunden eingeplant werden. Dann folgt das Abschlussprojekt.

55.–65. Übungsstunde

A + B: Abschlussprojekt

Material: je nach Projekt

Materialbeschreibung:
Wird von der Gruppe angefertigt.

Übungsbeschreibung:
Wird von der Gruppe angefertigt.

Übungsverlauf:
Bei der Umsetzung des Abschlussprojektes
zeigen die Übungsteilnehmer noch einmal
ihre erworbenen Fähigkeiten und Fertig-
keiten. Oft ist das Abschlussprojekt eine
Feier, zu der die Eltern eingeladen werden, oder eine Klassenreise, die von den
Kindern vorbereitet wird.

Über den Inhalt des Abschlussprojektes entscheidet die Gruppe. Entscheidet sie sich für eine Feier mit den Eltern, so können z.B. kleine musikali-
sche oder schaupielerische Aufführungen in Arbeitsgruppen eingeübt werden und ein Conferencier führt die Gäste durch das Programm. Auch für
einen kleinen Imbiss ist gesorgt.

Will die Gruppe eine Klassenreise organisieren, erhält sie lediglich einen
Reiseführer, aus dem sie die Ferienorte entnehmen kann, und eine Bank-
verbindung für die Einzahlung der Reisekosten. Alles andere plant und
führt die Gruppe selbst durch: Reiseziel, Reservierung, Bus-/Bahnfahrt,
Kostenkalkulation, Freizeitgestaltung, Verpflegung, evtl. Kochgruppen,
Zimmeraufteilung, Aufräumdienste etc.

Planen Sie für das Abschlussprojekt mindestens zehn Unterrichtsstunden
ein.
Für alle Abschlussprojekte gilt, dass die Gruppenmitglieder ohne großes
Zutun Ihrerseits die Herausforderung bewältigen sollten. Halten Sie sich
bitte zurück und vertrauen Sie der Gruppe – sie wird noch einmal alles
geben.

Soziometrie

Zu Beginn und am Ende des Projektes „Soziales Lernen" wird in der Klasse ein soziometrischer Test durchgeführt.
Er gibt Aufschluss über

- das soziale Klima im Klassenverband,
- den Grad des Beachtetwerdens
  der einzelnen Schüler und
- die Rangfolge, die die Schüler im Klassenverband
  einnehmen.

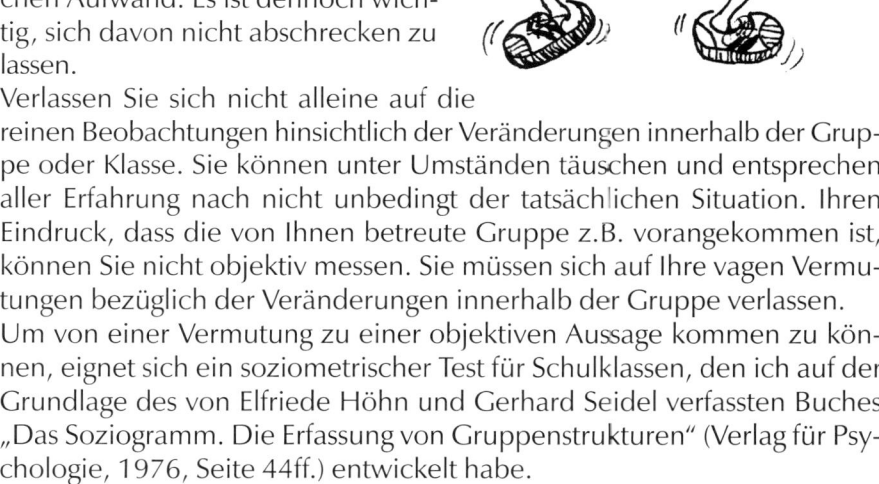

Die Auswertung dieses Tests
erfordert einen relativ großen zeitlichen Aufwand. Es ist dennoch wichtig, sich davon nicht abschrecken zu
lassen.

Verlassen Sie sich nicht alleine auf die
reinen Beobachtungen hinsichtlich der Veränderungen innerhalb der Gruppe oder Klasse. Sie können unter Umständen täuschen und entsprechen
aller Erfahrung nach nicht unbedingt der tatsächlichen Situation. Ihren
Eindruck, dass die von Ihnen betreute Gruppe z.B. vorangekommen ist,
können Sie nicht objektiv messen. Sie müssen sich auf Ihre vagen Vermu-
tungen bezüglich der Veränderungen innerhalb der Gruppe verlassen.
Um von einer Vermutung zu einer objektiven Aussage kommen zu können, eignet sich ein soziometrischer Test für Schulklassen, den ich auf der
Grundlage des von Elfriede Höhn und Gerhard Seidel verfassten Buches
„Das Soziogramm. Die Erfassung von Gruppenstrukturen" (Verlag für Psy-
chologie, 1976, Seite 44ff.) entwickelt habe.

Schulklassenbezogener soziometrischer Test

Den Test sollten Sie durchführen, wenn die Schüler bereits seit etwa sechs Wochen im neuen Klassenverband sind. Erklären Sie den Kindern, dass Sie wissen möchten, wie gut sie schon miteinander zurechtkommen.
Die Schüler beantworten den Fragebogen, der im Anhang 6, S. 149, abgedruckt ist.

Bevor Sie Kopien des Fragebogens an die Schüler verteilen, sprechen Sie gemeinsam die Regeln durch, die sie beim Ausfüllen des Bogens unbedingt beachten müssen. Die Regeln stehen zusätzlich an der Tafel:
- ⊙ Bitte nenne nur Namen von Kindern aus dieser Klasse.
- ⊙ Bitte schreibe so viele Namen auf den Bogen, wie dir einfallen.
- ⊙ Bitte verwende keine „Spitznamen" und auch nicht die Wörter „die Mädchen", „die Jungen". Schreibe stattdessen die Vornamen und den ersten Buchstaben des Nachnamens auf.
- ⊙ Jeder beantwortet seinen Fragebogen allein.

Erklären Sie den Schülern, dass die ausgefüllten Fragebögen von Ihnen streng vertraulich behandelt werden, und bitten Sie sie, nach Aufgabenerledigung den Bogen bei Ihnen abzugeben, sich still auf ihren Platz zu setzen und eine ruhige Beschäftigung (zeichnen, lesen) aufzunehmen.

Schüler, die am „Testtag" fehlen, müssen den Fragebogen später ausfüllen. Die anwesenden Kinder sollen aber die fehlenden bei dem Test berücksichtigen. Nachdem Sie alle ausgefüllten Fragebogen von den Kindern erhalten haben, können Sie mit der Auswertung beginnen.

Auswertung des soziometrischen Tests

Material: alle ausgefüllten Schülerfragebogen, 1 Soziomatrix (siehe Anhang 7), auf zwei zusammengefügte DIN-A3-Blätter übertra-
gen, Millimeterpapier, DIN-A4-Schreibpapier, Bleistift, Radier-
gummi, Anspitzer, Lineal, Taschenrechner und viel Geduld und
absolute Ruhe. Nicht vergessen: Übung macht den Meister!

1. Schritt: Erstellen einer Soziomatrix

Zunächst erstellen Sie sich eine Soziomatrix (siehe Anhang 7, S. 150).
Nach der Klassenliste/Namensliste tragen Sie die Schüler in die Spalte
„Wähler" ein. Alle Eintragungen auf der Soziomatrix sollten Sie mit ei-
nem Bleistift tätigen.
Anschließend schreiben Sie die Namen der Schüler in die Spalte „Ge-
wählte". Dabei ist die Reihenfolge der Namensnennungen in beiden
Spalten identisch! Am rechten Rand der Soziomatrix sehen Sie die Spalte
„VPN" (**V**ersuchs**P**ersonen**N**ummer). In diese Spalte tragen Sie die Zahlen
1–X (je nach Gruppengröße) ein. Diese Zahlen benötigen Sie später für
die grafischen Darstellungen.

2. Schritt: Fragebogen mit Kennziffern versehen

Jede Frage auf dem Testbogen wird am linken Rand mit einer Kennziffer
versehen.

Die Fragen	Nr. 1, 3, 5	erhalten eine	+1,
die Fragen	Nr. 2, 4, 6, 8, 8a	erhalten eine	+2,
die Frage	Nr. 7	erhält eine	+3,
die Fragen	Nr. 9, 11, 13	erhalten eine	- 1,
die Fragen	Nr. 10, 12, 14, 16, 16a	erhalten eine	- 2,
die Frage	Nr. 15	erhält eine	- 3.

Die Kennziffern beziehen sich auf verschiedene Bereiche, in denen die
Kinder Erfahrungen miteinander sammeln.

Kennziffer 1 = Bereich Schule/Arbeit,
Kennziffer 2 = Bereich Freizeit/Vertrauen,
Kennziffer 3 = Bereich Amt/Interessenvertretung.

Die Zeichen (+/-) vor den Kennziffern geben wieder, ob die Erfahrungen, die die Kinder miteinander gesammelt haben, positiv oder negativ
geprägt sind. Der Fragebogen sieht dann folgendermaßen aus:

Kennziffer	Fragen
+ 1	1. Neben wem möchtest du gerne sitzen?
+ 2	2. Mit wem möchtest du am liebsten in einer Sportgruppe sein?
+ 1	3. Mit wem möchtest du gerne Schularbeiten machen?
+ 2	4. Mit wem möchtest du am liebsten eine Ferienreise machen?
+ 1	5. Mit wem möchtest du dich gerne auf eine Mathearbeit vorbereiten?
+ 2	6. Wen möchtest du am liebsten zu deinem Geburtstag einladen?
+ 3	7. Wen würdest du am liebsten zum Klassensprecher wählen?
+ 2	8. Wer dürfte dein Tagebuch lesen? (Wenn du kein Tagebuch führst, kannst du gleich die nächste Frage beantworten.)
+ 2	8a Wer dürfte deine Briefe (z.B. Liebesbriefe) lesen?
- 1	9. Neben wem möchtest du nicht so gerne sitzen?
- 2	10. Mit wem möchtest du nicht so gerne in einer Sport- gruppe sein?
- 1	11. Mit wem möchtest du nicht so gerne Schularbeiten machen?
- 2	12. Mit wem möchtest du nicht so gerne eine Ferienreise machen?
- 1	13. Mit wem möchtest du nicht so gerne eine Mathematik- Klassenarbeit vorbereiten?
- 2	14. Wen möchtest du nicht so gerne zu deinem Geburtstag einladen?
- 3	15. Wen möchtest du nicht so gerne zum Klassensprecher wählen?
- 2	16. Wem würdest du nicht so gerne dein Tagebuch zeigen?
- 2	16a. Wem würdest du nicht so gerne deine Briefe (z.B. Liebesbriefe) zeigen?

3. Schritt: Wahlnennungen übertragen

Bitte legen Sie die Fragebogen wieder aufeinander. Jetzt tragen Sie in die Soziomatrix nur die jeweilige Erstnennung der Wähler in die Spalte der Gewählten per Kennziffer ein. Alle weiteren Namen der Gewählten werden zu einem späteren Zeitpunkt benötigt.

Manchmal wählen Kinder sich selbst. Diese Eigennennungen „verbuchen" Sie genauso wie die Fremdnennungen. Wenn Sie diese mühsame Arbeit erledigt haben, sind Sie schon ein gutes Stück vorangekommen.

4. Schritt: Kapazität der Positiv- und Negativstimmen

Sie haben alle Fragebogen vor sich liegen. Bitte addieren Sie zunächst auf jedem Fragebogen alle Nennungen der Fragen 1-8a und im Anschluss alle Nennungen der Fragen 9–16a.

Tragen Sie die Anzahl der Positivnennungen (Frage 18a) in die Spalte „Kapazität pos." im unteren Teil der Soziomatrix ein.

Bitte verfahren Sie ebenso mit den Negativnennungen (Frage 9–16a), und übertragen Sie die Anzahl in die Spalte „Kapazität neg.".

Alle Fragebogen werden auf diese Weise bearbeitet. Sie haben nun die erste Möglichkeit, eine Aussage über die Kapazität der Positiv- und Negativstimmen zu machen, denn Sie wissen, wie viele Positiv- und Negativstimmen jeder einzelne Wähler abgegeben hat.

Wurden z.B. von einem Wähler insgesamt 7 Positivstimmen und 64 Negativstimmen abgegeben, so wird dieser Wähler eher aggressiv auf seine Mitschüler zugehen und eine wohlwollende Interaktion meiden. Es ist aber auch möglich, dass dieses Kind nur schwer zu den anderen Kindern der Gruppe Kontakt aufnehmen kann und sich deshalb eher ablehnend äußert.

5. Schritt: Addieren der Kennziffern

Betrachten Sie jetzt nur die Spalten der Gewählten. Addieren Sie in der ersten Spalte alle + 1-Kennziffern und tragen Sie diese positiven Stimmen in die Spalte „pos. St. 1" (Umfang des positiven sozialen Interesses) ein.

Addieren Sie nun alle + 2-Kennziffern und übertragen Sie die Anzahl in die Spalte „pos. St. 2" (Umfang des positiven sozialen Interesses).

Addieren Sie dann alle + 3-Kennziffern und übertragen Sie diese in die Spalte „pos. St. 3" (Umfang des positiven sozialen Interesses).

Verfahren Sie bitte ebenso mit den negativen Kennziffern.
Die Kennziffern -1 werden in die Spalte „neg. St. 1"
(Umfang des negativen sozialen Interesses),
die Kennziffern -2 werden in die Spalte „neg. St. 2"
(Umfang des negativen sozialen Interesses),
die Kennziffern -3 werden in die Spalte „neg. St. 3"
(Umfang des negativen sozialen Interesses) *eingetragen.*
Alle Gewählten werden auf diese Weise bearbeitet. Hat ein Gewählter
z.B. keine +1-Kennziffern, so wird in die Spalte „pos. St. 1" eine Null
eingetragen. Ebenso wird mit den negativen Kennziffern verfahren.

6. Schritt: Übertrag der addierten Kennziffern
Wenden Sie sich bitte jetzt den Spalten „Total 1, 2, 3" zu. Gehen Sie in
die erste Zeile der Gewählten. Addieren Sie bitte die Anzahl der „pos.
St. 1" mit der Anzahl „neg. St. 1" und übertragen Sie das Ergebnis in die
Spalte „Total 1".
Addieren Sie jetzt die Anzahl der „pos. St. 2" mit der Anzahl der „neg.
St. 2" und übertragen Sie das Ergebnis in die Spalte „Total 2". Addieren
Sie jetzt die Anzahl der „pos. St. 3" mit der Anzahl von „neg. St. 3" und
übertragen Sie das Ergebnis in die Spalte „Total 3".

Bitte verfahren Sie mit allen Zeilen der Gewählten wie oben beschrieben.

7. Schritt: Grad des Beachtetwerdens
Bearbeiten Sie jetzt die Spalte „Rangplatz pos. St. 1, 2, 3".
Hier ermitteln Sie, wie viele Stimmen, also welchen Grad des Beachtetwerdens Ihre Schüler in den Bereichen Schule/Arbeit, Freizeit/Vertrauen, Amt/
Interessenvertretung erhalten.

Bitte sehen Sie sich die Ergebnisse in der Spalte „pos. St. 1" an. Ermitteln
Sie hier den Gewählten, der die meisten Positivstimmen erhalten hat.
Dieser Schüler erhält von Ihnen den Eintrag „1" in Spalte „Rangplatz pos.
St. 1". Stellen Sie nun fest, welcher Schüler die zweithöchste Anzahl von
Positivstimmen in der Spalte „pos. St. 1" erhalten hat und tragen Sie für
dieses Kind eine 2 in die Spalte „Rangplatz pos. St. 1" ein. Verfahren Sie
mit den anderen Gewählten ebenso.
Sie werden feststellen, dass einige Gewählte die gleiche Anzahl von Positivstimmen in der Spalte „pos. St. 1" erhalten haben.
Hier erfolgt nun eine Besonderheit in der Auswertung. Wenn Sie beispielsweise vier Gewählte mit einer Anzahl von je sechs Positivstimmen

haben, dann betrachten Sie die Ergebnisse dieser Kinder in der Spalte „Total 1". Der Gewählte, der hier die höchste Anzahl der Totalstimmen 1 erreicht hat, erhält den höchsten Rang im Grad des Beachtetwerdens. Das Beachtetwerden schließt Negativstimmen ein, weil diese auch davon zeugen, dass ein Kind wahrgenommen wird.

Daneben können sowohl eine gleiche Anzahl von Positivstimmen in der Spalte „pos. St. 1" als auch in der Spalte „Total 1" eingetragen sein. Hier erhalten die Gewählten jeweils den gleichen Rang im Grad des Beachtetwerdens.

Beispiel:	pos. St. 1, 2, 3	neg. St. 1, 2, 3	Total 1, 2, 3	Rangplatz pos. St. 1, 2, 3
Anna	7		12	2
Peter	7		8	3
Julia	7		3	4
Arash	7		14	1
Sabine	6		6	5*
Robert	6		6	5*
Frauke	3		17	7
Tobias	2		16	8

*Der Rangplatz 6 wird hier wegen der Gleichrangigkeit von Sabine und Robert übersprungen, damit auf acht Kinder auch acht Rangplätze verteilt werden können.

Zwischenschritt: Pause
Spätesten jetzt haben Sie sich eine Kaffeepause verdient!

8. Schritt: Übertrag von Kennziffern
Sie bearbeiten jetzt die Spalte „Total pos. St./neg. St.". Gehen Sie bitte in die erste Zeile der Gewählten. Addieren Sie alle Stimmen der Spalte „pos. St. 1, 2, 3" und tragen Sie das Ergebnis in die Spalte „Total pos. St." ein.

Zählen Sie dann alle Stimmen der Spalte „neg. St. 1, 2, 3" zusammen und tragen Sie das Ergebnis in die Spalte „Total neg. St." ein.

Beispiel: pos. St. 1 2 3	neg. St. 1 2 3	Total pos. Stimmen	neg.	Total
6 5 7	1 1 0	18	2	20
2 6 0	0 0 0	8	0	8
0 0 0	1 6 2	0	9	9

Bitte bearbeiten Sie alle Spalten der Gewählten wie oben beschrieben.

9. Schritt: Übertrag von Kennziffern

Nachdem Sie die Spalte „Total pos./neg.Stimmen" ausgefüllt haben, addieren Sie die Ergebnisse dieser Spalte und tragen den errechneten Wert in die Spalte „Total" ein (Beispiel s.o.).

10. Schritt: Ermittlung des Rangplatzes

Nun ermitteln Sie den „Rangplatz insges.". Suchen Sie die Zeile des Gewählten, der in der Spalte „Total pos. St." die meisten Stimmen erhalten hat. Dieses Kind erhält den Rangplatz 1 im Grad des Beachtetwerdens. Danach ermitteln Sie das Kind mit der nächstniedrigeren Anzahl von Positivstimmen in der Spalte „Total pos. St.". Dieses Kind erhält den Rangplatz 2 usw.

Bitte beachten Sie auch hier folgende Besonderheit bei der Auswertung: Wenn Sie Kinder mit gleicher Anzahl von Stimmen in der Spalte „Total pos. St." ermittelt haben, richtet sich der Rangplatz nach der Anzahl der insgesamt erhaltenen Stimmen (Spalte „Total").

Beispiel:	Total pos. St.	neg. St.	Total	Rangplatz insgesamt
Anna	12	8	20	1
Karl	0	36	36	6
Julia	12	6	18	2*
Peter	12	6	18	2*
Karin	9	5	14	5
Göhkan	10	7	17	4*

Der Rangplatz 3 wird wegen der Gleichrangigkeit von Julia und Peter übersprungen, damit auf sechs Kinder auch sechs Rangplätze verteilt werden können.

Soziometrie   115

Die Soziomatrix ist nun ausgefüllt. Damit die Ergebnisse übersichtlicher
werden, fertigen Sie folgende grafischen Darstellungen an.

Grafische Darstellungen

11. Schritt: Anlegen einer Tabelle
Zunächst übertragen Sie die Ergebnisse der Soziomatrix in folgende Tabellen:

Rangplatz						
VPN						
pos. Stimmen (1, 2, 3)						
neg. Stimmen (1, 2, 3)						

Sie benötigen hierfür je eine Tabelle für die Bereiche
⊙ Schule/Arbeit (1),
⊙ Freizeit/Vertrauen (2),
⊙ Amt/Interessenvertretung (3) und für den
⊙ Rangplatz insgesamt.

Nun übertragen Sie die Werte aus der Soziomatrix-
Spalte „pos. St. 1" und „neg. St. 1" in die erste Tabelle.

Die zweite Tabelle wird ausgefüllt mit den Werten der Spalte „pos. St. 2"
und „neg. St. 2" der Soziomatrix.

Die dritte Tabelle erhält die Werte aus der Soziomatrix, Spalte „pos. St.
3" und „neg. St. 3".

Die vierte Tabelle besteht aus den Werten der Spalte „Total pos./neg. St."
der Soziomatrix.

12. Schritt: Das Koordinatenkreuz
Erstellen Sie auf Millimeterpapier ein Koordinatenkreuz für jede Tabelle.
In dieses Koordinatenkreuz übertragen Sie die Tabellen.

Soziometrie

Beispiel: Für den Bereich 1 (Schule/Arbeit):								
Rangplatz	1	2	3	4	5	6	…19	usw.
VPN	17	5	27	1	12	23	14	usw.
pos. Stimmen	7	6	6	6	5	4	0	usw.
neg. Stimmen	0	2	1	0	0	2	7	usw.

Übertragen Sie zuerst den höchsten negativen Wert und dann den höchsten positiven Wert; dieses Vorgehen erleichtert Ihnen die Festlegung der Abstände auf der X-Achse des Koordinatenkreuzes.Wenn Sie die Werte in ein Koordinatenkreuz übertragen, sieht das wie folgt aus:

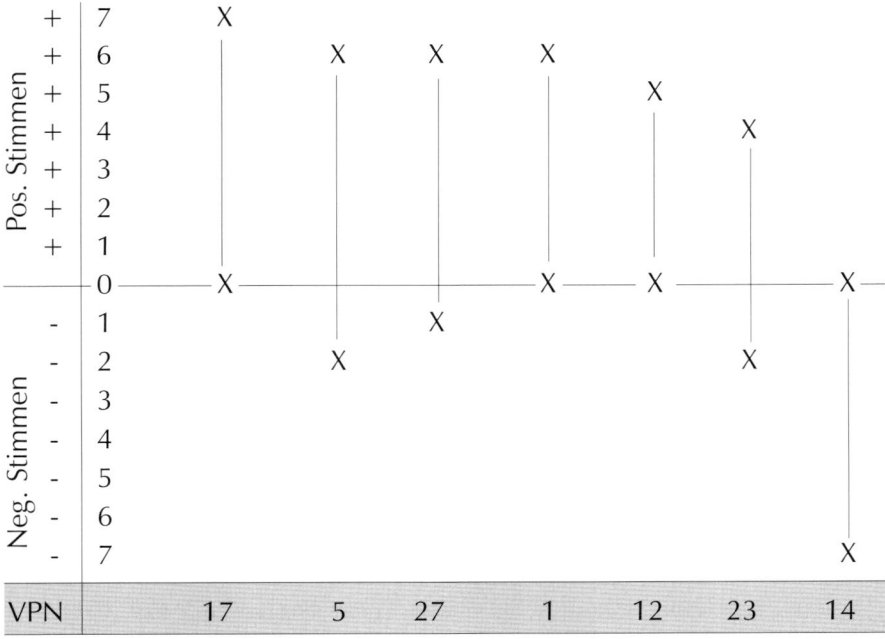

Anhand der im Koordinatenkreuz gezogenen Linien lässt sich wesentlich einfacher ablesen, welche Kinder in erheblichem Maße in positiver bzw. negativer Weise im Klassenverband Beachtung finden. Die Schüler, die im Negativfeld des Koordinatenkreuzes „herausfallen", werden mit Si-

Soziometrie

cherheit im Alltag die Ablehnung ihrer Mitschüler zu spüren bekommen. Über die schulsozialpädagogischen Arbeitsbereiche „Soziales Lernen" und „Soziale Einzelhilfe" können diese Kinder vor dem dauerhaften Außenseiterdasein bewahrt werden. Um nun das soziale Klima innerhalb eines Klassenverbandes ermitteln zu können, müssen bestimmte Berechnungen vorgenommen werden.

Ermittlung des sozialen Klimas im Klassenverband

Das Ergebnis dieses Auswertungsschrittes macht Ihnen deutlich, in welchem Maße die Stärke der Interaktion (positive Ansprache) mit dem Ausmaß der Spannungen/Aggressivitäten im Gruppenverband korreliert.

Berechnungsformel:

$$\text{Expansivität} = \frac{\text{Summe der Wahlen}}{N \;\; (\text{Anzahl der Gruppenmitglieder})}$$

13. Schritt: Addition aller Wahlnennungen
Bitte bearbeiten Sie die von den Kindern ausgefüllten Fragebogen, indem Sie nun alle Positivnennungen und alle Negativnennungen addieren.

14. Schritt: Berechnung des sozialen Klimas insgesamt
Sie erhalten beispielsweise von 32 Fragebogen insgesamt 342 Positivnennungen und insgesamt 407 Negativnennungen.
Wenn N = 32 (Schüler), dann

$$\text{Expansivität} + = \frac{342}{32} \qquad E + = 10,687 \; (10,7)$$

$$\text{Expansivität} - = \frac{407}{32} \qquad E - = 12,718 \; (12,7)$$

Das Ergebnis für das soziale Klima insgesamt (im Klassenverband) lautet:

$$E + = 10,7 \quad \text{und} \quad E - = 12,7$$

Daraus folgt, dass die Stärke der Interaktion (E+) innerhalb der Klasse geringer ist als das Ausmaß der Spannungen und Aggressivitäten (E-). Das soziale Klima innerhalb des Klassenverbandes muss verbessert werden. Hilfreich ist hierfür wieder das Projekt „Soziales Lernen".

15. Schritt: Berechnung des sozialen Klimas in verschiedenen Bereichen

Um E+ und E- in den Bereichen Schule/Arbeit, Freizeit/Vertrauen und Amt/Interessenvertretung ermitteln zu können, müssen Sie jetzt die mit den entsprechenden Kennziffern versehenen Antworten im Fragebogen auszählen.

Addieren Sie bitte zunächst alle Antworten mit der Kennziffer + 1 und danach alle Antworten mit der Kennziffer -1. Verfahren Sie mit den anderen Kennziffern (+2/-2, +3/-3) ebenso.

Sie erhalten beispielsweise im Bereich Schule/Arbeit die Werte 130 Positiv- und 150 Negativnennungen, im Bereich Freizeit/Vertrauen 142 Positiv- und 200 Negativnennungen, im Bereich Amt/Interessenvertretung 70 Positiv- und 57 Negativnennungen. Die Berechungen lauten dann:

Soziales Klima im Bereich 1 (Schule/Arbeit)

$$E+ = \frac{130}{32} \quad ; \quad \mathbf{E+ = 4{,}06} \qquad E- = \frac{150}{32} \quad ; \quad \mathbf{E- = 4{,}68}$$

Soziales Klima im Bereich 2 (Freizeit/Vertrauen)

$$E+ = \frac{142}{32} \quad ; \quad \mathbf{E+ = 4{,}43} \qquad E- = \frac{200}{32} \quad ; \quad \mathbf{E- = 6{,}25}$$

Soziales Klima im Bereich 3 (Amt/Interessenvertretung)

$$E+ = \frac{70}{32} \quad ; \quad \mathbf{E+ = 2{,}18} \qquad E- = \frac{57}{32} \quad ; \quad \mathbf{E- = 1{,}78}$$

Streng genommen muss eine Ausgewogenheit zwischen E+ und E- bestehen, wenn das soziale Klima in der Gruppengemeinschaft gut ist. In der Praxis ist es ein gutes Ergebnis, wenn eine maximale Diskrepanz von 0,5 Punkten zugunsten E- besteht. Dieses Ergebnis erreicht eine Klassengemeinschaft in der Regel erst nach ungefähr zweijähriger Praxis „Sozialen Lernens".

Soziale Einzelhilfe

Mehrfach wurde in den vorangegangenen Kapiteln auf die Soziale Einzelhilfe hingewiesen, die ein sozialpädagogischer Arbeitsansatz ist und der Betreuung von Kindern mit Schulschwierigkeiten dient.
Ziel der Sozialen Einzelhilfe ist es, die Schwierigkeiten, die die Kinder haben und in der Folge machen, abzubauen und ihnen Fähigkeiten zu vermitteln, um neuen Problemen vorzubeugen oder besser mit ihnen umzugehen.

Exkurs:
Die Betreuung rechtsextrem orientierter Kinder

Verhalten des Beraters

Die rechtsextrem orientierten Kinder beobachten mein Verhalten, also auch meinen Sprachgebrauch sehr genau. Wenn ich durch mein Verhalten signalisiere, dass ich so genannte Ausländer ebenfalls als minderwertige Menschen einstufe, dann können die rassistischen Äußerungen der Kinder aus ihrer Sicht nicht falsch sein.
Betrachte ich Immigranten als gleichwertig und mache ich dies auch durch mein Verhalten, meinen Sprachgebrauch deutlich, so vermittle ich den Wert der Gleichberechtigung von Menschen.

> **Ein Beispiel:**
> Fritz hat sich über einen Mitschüler geärgert und sagt zu mir: „Dieser blöde Neger!" Ich frage: „Wen meinst du?" – „Na, Kofi natürlich." – „Was hat Kofi denn getan?" usw. Abschließend frage ich, wo das „Negerland" liegt, denn die Türken leben in der Türkei, die Deutschen in Deutschland ... Der (rassistische) Begriff „Neger" kann also nicht auf Kofi zutreffen, weil es im Atlas kein Negerland gibt. Kofi bleibt Kofi, und Punkt.

Wichtige Vorarbeiten

Bevor Sie mit der Betreuung eines rechtsextrem orientierten Kindes beginnen, sollten Sie Informationen darüber einholen, in welcher „Clique" sich das Kind aufhält.
Alle von mir betreuten rechtsextrem orientierten Kinder und Jugendlichen sind keine „verwirrten Einzelgänger/-täter", sondern haben immer auch Kontakt zu rechtsextremen Gruppierungen. Mein Arbeitsplatz befindet sich

in einem Stadtteil Hamburgs, in dem sich die „Nationale Liste", eine rechtsextreme Partei um Christian Worch, etabliert hat. Diese rechtsextreme Partei hat eine angegliederte Jugendorganisation, die sich „Jungvolk" nennt. Meine Informationen über die Organisation und Arbeitsweise der „Nationalen Liste" habe ich überwiegend von den sympathisierenden Kindern und Jugendlichen erhalten.

Es ist wichtig, dass Sie sich über die Organisationen informieren, mit denen die rechtsextrem orientierten Jugendlichen sympathisieren. Dies ist sicher nicht einfach:
Es ist ein beliebtes Verwirrspiel der Rechten, möglichst viele sich vom Namen unterscheidende Organisationen zu gründen, um zu verwischen, dass zusammengearbeitet wird.
Wenn ich betrachte, in welchen Organisationen Christian Worch mitarbeitet, dann weiß ich, auf welchen Hintergrund die Kinder und Jugendlichen, die ich betreue, zurückgreifen können.
Das Wissen um die rechtsextreme „Hintergrundorganisation" ist deshalb wichtig, weil keine Partei oder Gruppierung ihre potentielle Nachhut einfach ziehen lässt. Abtrünnige werden verfolgt und bedroht. Ebenso ergeht es denjenigen, die versuchen, rechtsextrem orientierten Kindern und Jugendlichen Alternativen aufzuzeigen.
Die Betreuung rechtsextrem orientierter oder organisierter Jugendlicher ist nicht ohne persönliches Risiko! Auch ich habe Drohbriefe und Drohanrufe erhalten.

Öffentlichkeitsarbeit
In unserer Schulzeitung habe ich einen Artikel veröffentlicht, der sich mit der Rekrutierungspraxis der NL befasst. Dieser Artikel führte bei den rechtsextrem orientierten Kindern dazu, dass sie mich als Kenner der Szene einstuften. Ich wurde als Gesprächspartnerin ernstgenommen und hörte oftmals, dass die anderen Erwachsenen überhaupt keine Ahnung hätten.
Es ist also wichtig, sich den Kindern gegenüber als kompetent und offen zu zeigen und nicht mit pauschalisierenden Argumenten die Anschauung der betreffenden Kinder „platt zu machen". Am besten ist es, erst einmal eine Akzeptanz in den Kreisen der rechtsextrem beeinflussten Kinder und Jugendlichen zu erzielen.
Daher ist der Artikel, der bei den Kindern auf so viel Resonanz stieß, hier abgedruckt:

Aus Kindern Neonazis machen

Es ist offensichtlich ganz einfach: Im Sommer wandert man durch die Parkanlagen und im Winter durch die Einkaufszentren Bergedorfs.

Der „Rekrutierungsbeauftragte" (Beauftragter für das Anwerben neuer Mitglieder), ich nenne ihn „A", ist selbst noch sehr jung – etwa 15 Jahre.

„A" hat aufgrund seines Alters leichten Zugang zu jüngeren Kindern, die in Bergedorf/Hamburg gelangweilt herumhängen. Kinder ab ca. 10 Jahren, eher Jungen als Mädchen, sind für „A" interessant. Sie akzeptieren ihn schnell als Anführer und er ist in ihren Augen nicht der fremde Mann, mit dem man nicht mitgehen darf.

„A" redet nie über politische Themen, das langweilt Kinder, sondern bietet den Kindern „Spielmöglichkeiten" an, die sie brennend interessieren.

Raus aus der städtischen Umgebung ins freie Gelände!

Dort wird von der Baumhöhle bis zum „Mann-gegen-Mann-Kampf" alles erprobt.

„A" ist bei den Kindern beliebt, weil er so viele tolle „Spiele" kennt und selber alles mitmacht. „A" feuert die Kinder sogar an, ermutigt sie bei der Fahrrad-Geländetour (Konditionstraining) zum Durchhalten. Die Kinder hören auf „A".

„A" sagt, dass er nie mit Ausländern spielen würde.

Die machen uns das Leben nur schwer – nehmen unseren Eltern die Arbeitsplätze weg und kriegen selbst alle eine Wohnung.

Die bekommen am meisten und wir gucken in die Röhre. Besonders die Türken sahnen ab.

> *Die Kinder registrieren:*
> Ausländer, insbesondere Türken,
> nehmen uns Deutschen etwas weg!

„A" hat jetzt genug geredet. Abenteuerliche Aktivitäten sind wieder gefragt. Im Übrigen ist den Kindern die von „A" vertretene Meinung schon bekannt. Sie hören sie vielleicht im Elternhaus, im Verwandten- und Bekanntenkreis, im Fernsehen und sie lesen sie in der Presse (z.B. Ausländerschwemme, Asylantenflut) und die alltäglichen Diskriminierungen gebrauchen die Kinder selbst (z.B. „Kümmeltürke", „Neger").

> Die Kinder registrieren:
> „A" hat Recht! „A" sagt die Wahrheit!

Zurück zu „A". Um den Mann-gegen-Mann-Kampf härter durchführen zu können, werden lebensgroße Puppen, auf die die Kinder losgehen können, bereitgestellt.

„Toll, die Türkensau hast du aber gut verprügelt!", sagt „A".

> *Die Kinder registrieren:*
> Türken muss man verprügeln!

Nach etwa einem Jahr „Grundausbildung" hat die Kindergruppe, deren Anführer immer noch „A" ist, denn ihm gehen die guten Ideen nicht aus, ein Gebiet in einem Bergedorfer Park übernommen, das wie selbstverständlich von Türken „reingehalten" werden muss.

Die Kinder legen sich tatsächlich mit türkischen Kindern an und sie können sie mit dem in der Grundausbildung erworbenen Wissen vertreiben.

> *Die Kinder registrieren:*
> Mit Gewaltanwendung kann ich mich
> durchsetzen!

Mittlerweile ist „A" auch den Eltern der Kinder bekannt. „A" ist höflich, aufmerksam, zuverlässig und immer freundlich. Schön, dass die Kinder so einen netten Umgang haben, viel unternehmen, nicht mehr auf der Straße rumhängen und dort auf dumme Gedanken kommen.

Komisch ist nur, dass „A" so viel älter ist als die Kinder.

„A" sagt, dass seine Gleichaltrigen schon in Discos gingen und Alkohol trinken würden. Dafür habe er aber nichts übrig. „Umso besser!", denken sich die Eltern.

In die Disco sind wir auch erst mit achtzehn Jahren gegangen. Sollte es früher gewesen sein, weiß man, dass dies für die eigenen Kinder noch kein rechter Aufenthaltsort ist. Schon gar nicht heute – wegen der Drogen und so.

Diese Gefahr scheint auf längere Sicht abgewendet, wenn die Kinder zu „A" Kontakt behalten. „A" hat im Übrigen mit einer ordentlichen Berufsausbildung begonnen.

Schon seit einiger Zeit drängen die Kinder ihre Eltern, doch auch eine Bomberjacke, entsprechendes Schuhwerk und kurze Haare tragen zu dürfen – so wie „A".

Warum nicht? Selbst Neckermann bietet Bomberjacken an und kurze Haare sind pflegeleicht. Außerdem ist „modemäßig" alles erlaubt! „A" kann die Bomberjacke sogar günstiger, als sie bei Neckermann angeboten wird, besorgen. „A" erhält den Zuschlag.

Die Kindergruppe hat jetzt auch ein bestimmtes Äußeres. Durch sie fühlen sich die so genannten Ausländer/innen provoziert und reagieren ihrerseits mit verbalen Angriffen. Der Kreis schließt sich.

Tätliche Auseinandersetzungen sind die Folge. Auch in der Schule geht es rund. Die Kindergruppe handelt sich schnell den Ruf von Schlägern ein. (Übrigens: Nicht jeder Skinhead oder Träger einer Bomberjacke ist ein – angehender – Neonazi!)

Irgendwann hatte „A" gesagt, dass das, was Hitler getan habe, eigentlich gut gewesen sei. Es würden heute viele Lügen über ihn verbreitet. „Seht euch doch einfach mal die Wochenschau im Dritten Fernsehprogramm an!"

Das haben die Kinder getan. Die Eltern wundern sich – nicht He-Man, nicht Batman – nein, die Wochenschau. „Da können unsere Kinder erfahren, wie es damals wirklich war. Hitler darf es nie wieder geben! Gott sei Dank, dass unsere Kinder sich hiermit auseinandersetzen!"

Niemandem fällt auf, dass die Kinder in Gesprächen mit den Eltern oder anderen Personen über diese Fernsehsendungen eher die Meinung der Eltern oder anderer Personen nachplappern, im Grunde aber schweigen. Es kollidieren die Ansichten der Gesprächspartner der Kinder mit den Normen, auf deren Einhaltung „A" besteht. Durch ein wachsames Auge und Ohr kommt irgendwann doch alles heraus. Der Schreck ist groß für die Eltern.

„Warum bist du nicht...! Warum hast du nicht...! Du darfst nicht mehr...!"
Doch das ist keine Lösung.

Das Kind hat mitgemacht, weil es endlich eine Gruppe gefunden hatte, in der es sich geborgen fühlt, in der es anerkannt ist, in der seine Abenteuerlust befriedigt wird, in der Normen/Einstellungen bestehen, die es auch außerhalb der Gruppe vorfindet (Ausländerfeindlichkeit), in der es gelernt hat, sich (mit Gewalt) durchzusetzen. Das Kind hat auch die Macht gespürt, die es innerhalb seiner Gruppe gegenüber anderen Kindern ausüben kann. Das Kind ist innerhalb seiner Gruppe wirklich mächtig im Park.

Mächtig zu sein, Einfluss zu haben, das hebt das Selbstvertrauen und Selbstwertgefühl.

Es ist oftmals gar nicht schwierig, aus Kindern (angehende) Neonazis zu machen. Das politische Bewusstsein wächst mit dem Alter und mit den gesammelten Erfahrungen auf der Grundlage der Indoktrination (Beeinflussung) durch „A", der Ausländerfeindlichkeit in unserer Gesellschaft und dem sinkenden Interesse am Wohlergehen unserer Kinder – der Kinderfeindlichkeit.

Wussten Sie, liebe Leser/innen, dass es in Ihrer unmittelbarer Nachbarschaft eine Wohnung gibt, in der so genannte Kameradschaftsabende durchgeführt werden?

Dort werden unsere Kinder von Mitgliedern der rechtsextremen Partei „Nationale Liste" (NL) politisch indoktriniert, indem ihnen z.B. die „Auschwitz-Lüge" unterbreitet wird und wo sie Hitlers „Mein Kampf" studieren.

Soziale Einzelhilfe: Fallbeispiele

Die Soziale Einzelhilfe mit einem gewaltbereiten Kind kann auf verschiedene Art und Weise beginnen. In vielen Fällen wird sie durch eigene direkte Ansprache des Schülers in Gang kommen; oder aber Sie werden tätig aufgrund einer Meldung der Lehrerkollegen. Die Soziale Einzelhilfe wird immer in Zusammenarbeit mit dem Tutor durchgeführt. Sämtliche Arbeitsschritte werden gemeinsam besprochen und deren Umsetzung gegebenenfalls zwischen Ihnen und der Lehrkraft aufgeteilt. Eine Aufgabe des Tutors besteht darin, die Fachlehrer über den Stand der Sozialen Einzelhilfe zu informieren und Hinweise zu geben, wie auf das Kind im Unterricht eingewirkt werden soll.

Fallbeispiel: Anton

Antons Tutor wandte sich an den Beratungsdienst, weil er mit Anton Disziplinschwierigkeiten hatte. Der Kollege bat mich, Anton im Unterricht zu beobachten. Ich hospitierte daraufhin in sieben Unterrichtsstunden.

Anton, ein 12-jähriger, 180 cm großer und kräftiger Junge mit kahl geschorenem Kopf, Springerstiefeln und Bomberjacke, fiel mir im Unterricht dadurch auf, dass er
- häufig Naziparolen in die Klasse hineinrief,
- ständig in Bewegung war (Stuhlkippeln, im Raum umherlaufen),
- seine Arbeitsmaterialien nicht dabei hatte,
- unter seinem Tisch und in seinem Ranzen keine Ordnung hielt,
- so gut wie nichts zu Papier brachte,
- keine Hausaufgaben anfertigte,
- schlechte Zensuren/Bewertungen erhielt,
- nahezu ständig in Konflikte mit seinen Mitschülern geriet, die mitunter in handfesten Schlägereien endeten,
- im Klassenraum mit Tischen und Stühlen um sich warf, wenn ihm etwas nicht gefiel; es war ihm egal, ob dabei andere Personen zu Schaden kamen.

Anton hatte das Sagen in der Klasse. Er hatte sich eigene Regeln aufgestellt und niemand wagte, ihm zu widersprechen.
Ich kannte Anton noch aus dem Projekt „Soziales Lernen", das ich in seiner Klasse ein Jahr zuvor abgeschlossen hatte. Durch die gemeinsa-

men Erfahrungen im Projekt war ein schneller Kontakt zu Anton herstellbar. Wir waren einander nicht fremd. So oft wie möglich war ich im
Fachunterricht anwesend und führte darüber hinaus mit Anton Gespräche.

Zum Erstgespräch kam es, als ich Anton fragte, ob er wohl einmal Zeit für
mich hätte: Ich würde gern in Ruhe mit ihm sprechen. Anton verabredete
sich mit mir.

Zu Beginn unseres ersten Treffens sagte ich ihm, dass mir bei meinen
Unterrichtsbesuchen aufgefallen sei, dass er Schwierigkeiten in der Schule
habe. Auf meine Frage nach den Gründen für diese Schulschwierigkeiten
begann Anton über die Schule, die Lehrer und die Mitschüler gewaltig zu
schimpfen. Alle seien ungerecht zu ihm, immer würde er die Schuld bekommen, wenn irgendetwas nicht in Ordnung sei. Er wolle endlich von
allen in Ruhe gelassen werden.

Ein Erfolg: Anton war bereit, sich wieder mit mir zu treffen, denn er musste dann nicht im Unterricht bleiben.

Während der folgenden sieben Treffen bewegten sich unsere Gesprächs-
inhalte um Antons persönliche Situation, seine Ängste und Nöte, seine
Wünsche und Hoffnungen. So wünschte er sich, so schnell wie möglich
Seemann zu werden. Er wollte weg von seinen Eltern, die sich häufig
stritten und ihren Ärger an ihm ausließen; er wollte weg von der Schule, in
der sowieso alle nur mit ihm meckerten; er wollte weg, weil „die gan-
ze Welt" etwas gegen ihn hatte und er es niemandem recht machen
konnte.

Anton war zutiefst verunsichert. Eigentlich wollte er, dass ihn z.B. seine
Mitschüler achten. Er wusste, dass er von ihnen abgelehnt wurde, weil er
sie häufig provozierte, bedrohte oder körperlich attackierte. Er wollte sein
„Benehmen" ändern, doch er wusste nicht, wie er sich stattdessen verhalten sollte. Wie konnte er seine Rolle ausgestalten, ohne dabei einen An-
sehensverlust zu erleiden? Wie konnte er Macht und Einfluss behalten,
Anerkennung erfahren, ohne Gewalt anzuwenden?

Anton begann zu begreifen, dass man dann Einfluss ausüben kann, wenn
die Gruppe/Klasse die Fähigkeiten und Tätigkeiten akzeptiert, soweit sie
der Gruppe dienen. Erst danach oder dadurch erfährt man Anerkennung.
Anton wollte etwas leisten – aber wie? Seine Lernlücken waren zu einem
schier unüberwindbaren Berg angewachsen. In dieser trostlosen Situation holten wir alle möglichen Informationen über den Beruf des Seeman-
nes ein. Anton konnte dabei noch etwas träumen ...

Über Politik sprachen wir nicht miteinander. Anton hatte in mir jemanden gefunden, der ihm einfach nur zuhörte und Mut machte, der ihn so annahm, wie er war.

Unsere Gespräche fanden zunächst während der Unterrichtszeiten statt, in denen Anton am meisten gestört hatte. Für Anton, seine Mitschüler und die ihn unterrichtenden Lehrer bedeutete dies eine Entlastung.
Selbstverständlich waren Antons Eltern von Anbeginn in die Intervention einbezogen.
Ich lud sie zu einem Gespräch in die Schule ein, das ich mit Antons Schulschwierigkeiten begründete. In unseren Gesprächen ging es mir nicht um Schuldzuweisungen oder Erziehungsfehler, sondern um die Frage, wie wir gemeinsam Anton unterstützen können. Für die Eltern bedeutete es eine enorme Entlastung, dass sie nicht als Eltern gesehen wurden, die versagt haben, und dass sich die Schule gemeinsam mit ihnen um Anton kümmern wollte.
In den weiteren Beratungsgesprächen mit den Eltern wurde deutlich, dass Antons Eltern in einem erheblichen Umfang mit ihren eigenen Problemen beschäftigt waren, nämlich mit der Überlegung, sich vielleicht zu trennen. Sie hatten den Kontakt zu Anton bereits vor Jahren verloren: „Der Junge macht ja sowieso, was er will, und redet überhaupt nicht mit uns!" Sie wussten nicht, was Anton in seiner Freizeit unternahm, wer seine Freunde waren, was ihn bewegte.
Sie wussten auch nicht, dass Anton in sämtlichen Jugendeinrichtungen des Stadtteils Hausverbot hatte, mit Ausnahme der Straßensozialarbeit, weil er als „rechter" Jugendlicher eine Gefahr für diese Einrichtungen darstellte. Sie wussten nicht, dass Anton an „Wehrsportübungen" in einem nahe gelegenen Naturschutzgebiet teilnahm und an „Kameradschaftsabenden", also politschen Schulungen durch Vertreter der Nationalen Liste um Christian Worch. Diese Informationen teilte ich den Eltern allerdings erst mit, nachdem ich Informationen aus dem Stadtteil, aus Jugendzentrum und Straßensozialarbeit eingeholt hatte und wir uns zu unserem sechsten Gespräch trafen.
Der Schreck über Antons „Freizeitgestaltung" war groß. Trotzdem unternahmen die Eltern keine übereilten Schritte. Sie vertrauten auf unsere Zusammenarbeit und ich konnte mit ihnen in der Folge über ihre ausländerfeindliche Haltung, also ihren verdeckten Rassismus sprechen, mit der sie Anton in seinem Tun und Denken unterstützten. Sie waren bereit, den Zusammenhang zwischen ihrem und Antons Verhalten zu erkennen, und wir wendeten uns wieder der Fragestellung zu: Was braucht Anton? Wie können wir ihn unterstützen?

Wir stellten gemeinsam fest, dass Anton neben seinen Eltern Bezugspersonen im Freizeitbereich benötigte, die ihm ebenfalls eine demokratische
Orientierung ermöglichten. Da ich sehr eng mit den Straßensozialarbeitern
des Stadtteils zusammenarbeite, bat ich die Kollegen um Unterstützung.
Ich konnte die Straßensozialarbeiter für eine Freizeitbetreuung von Anton
gewinnen. Anton nahm dieses Angebot an und ich machte Anton mit den
Straßensozialarbeitern bekannt.
In der Folge hatte Anton dort die Möglichkeit, an Freizeitaktivitäten, z. B.
an Besuchen von Fußballspielen, an kleineren Fahrten und Ausflügen,
teilzunehmen. Auch freundete er sich mit den Jugendlichen an, die ebenfalls von den Straßensozialarbeitern betreut wurden.
Anton wurde in der Schule zunehmend ansprechbarer und umgängli-
cher. Sein Arbeitsverhalten blieb jedoch unverändert. Ich beantragte für
Anton beim Schulamt einen „stützenden Einzelunterricht". Dieser Antrag
wurde wegen Personalmangels abgelehnt.
Daraufhin bemühten sich die Anton unterrichtenden Lehrer und ich, für
Anton Aufgaben anzufertigen, denen er nach unserer Einschätzung ge-
wachsen war. Aber Anton scheiterte auch an diesen Aufgaben. Es schien
uns, als sei es Anton unmöglich, z. B. einen Stift in die Hand zu nehmen
und entsprechende Notizen zu machen. Deshalb konzentrierte ich mich
verstärkt auf Beobachtungen in Antons Arbeitsverhalten.

Diese Beobachtungen musste ich abbrechen, weil Anton abrupt einen
„totalen Rückfall" in seinem Sozialverhalten zeigte. Ursache war der Ar-
beitsplatzwechsel der Straßensozialarbeiter. Sie standen Anton nicht mehr
als Ansprechpartner zur Verfügung und Anton reagierte hierauf mit einer
Wiederaufnahme des Kontaktes zur Nationalen Liste (NL).
Häufiger als zuvor nahm Anton an Wehrsportübungen und Kameradschaftsabenden der NL teil. Er akzeptierte die Anwendung von Gewalt als
adäquates Mittel der Konfliktlösung, zeigte keine Einsicht seinen eigenen
Anteil an der Eskalation von Konflikten betreffend, störte massiv und täglich den Unterricht.
Auch im Elternhaus kam es zu erheblichen Auseinandersetzungen. Anton
genoss es, dass ihn die NL wieder mit offenen Armen aufnahm. Um seine
Gruppenzugehörigkeit zur NL zu stärken, wurde ihm fortan die Funktion
eines „Rekrutierungsbeauftragten" innerhalb der Gruppe übertragen. Anton
war nun organisiertes Mitglied der NL. Er hatte das Gefühl, dort gebraucht
und anerkannt zu werden, und es erfüllte ihn mit Stolz,
Rekrutierungsbeauftragter zu sein.
Anton versuchte nun, Schüler unserer Schule für das „Jungvolk" (Jugend-

organisation der NL) anzuwerben. Dabei bemühte er sich um Kontakte zu Schülern der verschiedensten Jahrgänge. Wer kein Interesse an Antons Rekrutierungsbemühungen zeigte, wurde von ihm mit Drohungen und teilweise Prügel in Angst und Schrecken versetzt.

Zu Gesprächen mit mir war Anton zu diesem Zeitpunkt kaum noch bereit. In Windeseile setzte ich durch, dass eine Erziehungskonferenz stattfand, an der alle Bezugspersonen von Anton teilnahmen.

Der in dieser Erziehungskonferenz erstellte Hilfeplan für Anton sah einen dreimonatigen Aufenthalt in einem therapeutischen Kinderkurheim außerhalb Hamburgs und eine sich anschließende Freizeitbetreuung durch die neu eingestellten Straßensozialarbeiter vor.

Diese Maßnahmen sollten zum einen das Konfliktlösungsverhalten von Anton positiv verändern und ihm zum anderen die Möglichkeit der Neuorientierung in der Freizeitgestaltung eröffnen. Daneben sollte durch den Kuraufenthalt der Kontakt zur NL sofort unterbrochen werden. Zusätzlich wurde beim Amt für Jugend ein Antrag auf „schulische Erziehungshilfe" gestellt, um Anton nach Kurbeendigung einen stützenden Einzelunterricht zu ermöglichen.

Antons Eltern begrüßten den gesamten Hilfeplan und konnten Anton überzeugen, an der therapeutischen Kur teilzunehmen. Während des Kuraufenthaltes hielt ich schriftlich Kontakt zu Anton. Einige Vertreter der NL wollten Anton während der Kur besuchen. Sie scheiterten jedoch an den Erziehern und der Heimleitung, die ich rechtzeitig informiert hatte.

Nach seiner Rückkehr von der Kur zeigte Anton, dass er im Sozialverhalten gute Fortschritte erzielt hatte. Es beeindruckte mich sehr, Anton zum ersten Mal herzhaft lachen zu sehen. Es gelang, einen Kontakt zwischen Anton und den „neuen" Straßensozialarbeitern herzustellen. Anton nahm ihre Angebote an und wendete sich wieder von der NL ab: „Die haben überhaupt nichts von sich hören lassen!"

In der Folge wurden sämtliche Hausverbote, die Anton in den Jugendeinrichtungen des Stadtteils hatte, aufgehoben. Ebenfalls nach Kurrückkehr wurde im Unterricht sehr schnell deutlich, dass Antons Arbeitsverhalten unverändert war, und die „schulische Erziehungshilfe" konnte zum richtigen Zeitpunkt einsetzen.

Doch erst jetzt, nachdem Antons Arbeitsverhalten nicht mehr von einem negativen Sozialverhalten überdeckt wurde, konnte ich seine Grundproblematik im Arbeitsverhalten erkennen. Nach mehreren Unterrichtsbeobachtungen kam ich zu der Vermutung, dass Anton erhebliche Störungen in der Wahrnehmungsverarbeitung hatte.

Wenn er einen Schreibstift in seiner Hand nicht spürt, wie soll er dann ordentlich schreiben? Wenn er Reize nicht in angemessene Reaktionen umsetzen kann, wie soll er dann eine saubere Heftführung zu Stande bekommen oder Ordnung in seinen Schulsachen halten können? Ich teilte Anton, seinen Eltern und den Lehrern meine Beobachtungsergebnisse mit. Gemeinsam beschlossen wir, dass Anton in einer Spezialpraxis für wahrnehmungsgestörte Kinder vorstellig werden sollte. Gleichzeitig wurde er von allen schriftlichen Aufgaben in der Schule entbunden. Seine Unterrichtsbeteiligung wurde auf mündliche Beiträge reduziert.

Glücklicherweise erhielt Anton einen umgehenden Untersuchungstermin in der Spezialpraxis. Dort wurde festgestellt, dass Anton tatsächlich an einer Wahrnehmungsverarbeitungsstörung leidet. Auf Grund seines Alters, mittlerweile war Anton 14 Jahre alt, wurde von einer Therapie seitens der Spezialpraxis abgeraten.
Es wurde aber die Empfehlung ausgesprochen, Anton durchgängig über die Schulstelle des Amtes für Jugend zu betreuen. Bis dahin erhielt er von dort nur eine stundenweise Betreuung, die in unserer Schule erfolgte. Die Schulstelle des Amtes für Jugend ist ein schulergänzendes bzw. schulersetzendes Förderangebot der Jugendhilfe.
Anton wechselte dorthin und lernte schrittweise, mit seiner Wahrnehmungsstörung umzugehen.

Die umfassende Betreuung von Anton in Familie, Schule und Freizeit sowie die Erfahrung, dass wir für Anton da waren, dass er mit uns jederzeit sprechen und sich uns anvertrauen konnte, gaben ihm Halt und Geborgenheit. Diese soziale Sicherheit ist für Anton notwendig gewesen, um den Ausstieg aus der Nationalen Liste zu vollziehen.
Der Ausstieg war für Anton sehr schwer. Er wurde bedroht, am Telefon terrorisiert, im Stadtteil verfolgt. Anton konnte nicht allein durch sein Wohngebiet gehen. Er fürchtete um sein Leben.
So gut wir konnten, versuchten wir, Anton zu schützen. Auch die anderen Jugendlichen, die von den Straßensozialarbeitern betreut wurden, kümmerten sich jetzt verstärkt um Anton. Sie nahmen ihn in ihre Mitte.

Potentielle Aussteiger
Natürlich war Anton auch ein Vorbild für jene Gleichaltrigen, die ebenfalls aus der NL aussteigen wollten, aber keine Unterstützung hatten. Das Bemühen meinerseits, mit den Schulen ins Gespräch zu kommen, die von diesen potentiellen Aussteigern besucht wurden, scheiterte.

Die Schulen wollten es auf jeden Fall vermeiden, mit diesem Problem in die Öffentlichkeit zu geraten. Man wollte in der kommenden Anmelderunde wieder viele Schüler zählen und keinesfalls durch den Ruf „Die Schule X hat rechte Schüler" verursachen, dass die Eltern ihre Kinder an anderen Schulen anmeldeten.
Übersehen wurde dabei, dass heute in jeder Schule rechtsextremorientierte Schüler anzutreffen sind, weil der Rassismus ein gesellschaftliches Problem ist und die Schule kein Inseldasein führt.

Die potentiellen Aussteiger aus der NL konnten also nicht mit der Unterstützung „ihrer" Schule rechnen. Die Straßensozialarbeiter und ich mussten diese Aufgabe gemeinsam mit Anton und den anderen Jugendlichen übernehmen. Wir teilten uns die Arbeit auf. Die Jugendlichen und die Straßensozialarbeiter suchten den direkten Kontakt zu den potentiellen Aussteigern, ich nahm gemeinsam mit einem Pastor unseres Stadtteils die Gespräche mit dem „Jungvolk" auf. Der Pastor kannte Mitglieder des „Jungvolks" aus seinen Konfirmandengruppen und konnte ein erstes Treffen vereinbaren.
Zu diesem Treffen wurden auch die Mitarbeiter der örtlichen Jugendzentren eingeladen. Doch die erschienen nicht – war es ihnen zu gefährlich? Die Straßensozialarbeiter hingegen nutzten diese Möglichkeit.
Ziel dieses Treffens und der weiteren Gespräche war es, den potentiellen Aussteigern deutlich zu machen, dass sie von uns Unterstützung erhalten würden, wenn sie den Ausstieg vollziehen wollen. Die Vertreter des „Jungvolks" hielten unsere Gespräche, wie wir später erfuhren, heimlich auf Tonband fest. Diese Tonbänder wurden auf den Kameradschaftsabenden der NL abgespielt und deren Inhalt niedergemacht.
Thomas Wulff, der „Innenminister" Christian Worchs, soll nach Aussagen der Jugendlichen getobt haben. Er denunzierte uns gegenüber dem „Jungvolk" als „linke Zecken", die versuchen würden, „echte Deutsche" von ihrem Weg abzubringen. Thomas Wulff soll die Gespräche zwischen dem „Jungvolk" und uns verboten haben. Jedenfalls kamen die Mitglieder des „Jungvolks" nicht mehr – aber einige jugendliche Teilnehmer der Kameradschaftsabende waren nachdenklich geworden ...
Die potentiellen Aussteiger kamen mit der Jugendgruppe der Straßensozialarbeiter und natürlich mit den Straßensozialarbeitern selbst ins Gespräch. Diese ersten zaghaften Kontakte fanden auf der Straße statt und es kam dort zu ersten Verabredungen (Besuch eines Fußballspieles etc.). Die potentiellen Aussteiger sind geblieben und wurden zu „echten" Aussteigern. Auch Anton ist dabei.

Zusammenfassung

Dieser Erfahrungsbericht zeigt, dass die Arbeit mit rechtsextrem orientierten Kindern und Jugendlichen eine ganzheitliche und langfristige Herangehensweise erfordert. Nun haben selbstverständlich nicht alle rechtsextrem orientierten Kinder Wahrnehmungsstörungen wie Anton. Aber alle diese Kinder zeigen verschiedenste Problematiken, deren Auswirkung ein rechtsextrem orientiertes Verhalten sein kann. Auch sind diese Kinder überwiegend so genannte Einzelgänger, die in keiner Einrichtung des Stadtteils eine soziale Anbindung erfahren haben.

Wer rechtsextrem orientierte Kinder oder Jugendliche betreut, muss viel Geduld aufbringen und ein echtes Interesse an ihrem Wohlergehen haben, um einen Zugang zu finden und gegenseitiges Vertrauen aufbauen zu können. Daneben ist die Zusammenarbeit mit anderen Fachkräften bezüglich der Betreuung dieser Kinder unbedingt erforderlich.

Nun wird gewiss niemand annehmen, dass allein über den sozialpädagogischen Arbeitsansatz der Sozialen Einzelhilfe gesellschaftliche Probleme (z.B. Rassismus) gelöst werden können. Es gibt Tausende Antons und nicht jeder Anton wird ca. 10 Sozialarbeiter für seine Betreuung erhalten – erstens gibt es nicht so viele Sozialpädagogen/-arbeiter, zweitens kann es nicht darum gehen, „störende" Kinder und Jugendliche an ein System anzupassen, das diese Störungen mit verursacht.

Es gilt jedoch für die Schulsozialarbeit, in fehlfunktionierende Systeme einzugreifen, um Korrekturen vorzunehmen, die der Entwicklung des Kindes förderlich sind. Um Korrekturen vornehmen zu können, ist es notwendig, Verbündete zu finden, die die gleiche Zielsetzung verfolgen. Nicht nur in der Schule, der Familie, sondern auch in einem Stadtteil, in dem Rechtsextremismus Tradition hat, wie es in Hamburg-Lohbrügge der Fall ist, ist es dann möglich, jungen Menschen Alternativen anzubieten, die ein demokratisches Handeln beinhalten.

Fallbeispiel: Andrea

Die Tutorin hatte bei der 15-jährigen Andrea eine zunehmende Schulunlust festgestellt, die mit aggressiven Verbalattacken hauptsächlich gegen die männlichen Lehrkräfte einherging, und einen Leistungsabfall in allen Fächern sowie häufiges Fehlen.

Die Tutorin berichtete mir von ihren Beobachtungen und bat um Aufnahme von Andrea in die Soziale Einzelhilfe. Auf Anraten der Tutorin suchte Andrea den Beratungsdienst auf.

Andrea kannte mich aus dem Projekt „Soziales Lernen", sodass ihr die Kontaktaufnahme zu mir nicht schwerfiel. In unserem Erstgespräch stellte ich fest, dass sich Andrea in ihrer häuslichen Situation überfordert fühlte. Sie berichtete, dass die Mutter keine Zeit mehr für sie habe, weil sie mit ihrem neuen Freund einen gemeinsamen Hausstand gründen wollte.

In unserem zweiten Gespräch, zu dem ich auch die Mutter einlud, bestätigten sich Andreas Aussagen. Die Mutter beklagte, dass Andrea mit häufigen Regelverstößen (Pünktlichkeit, Schulbesuch/Hausaufgaben, Erledigung häuslicher Pflichten, „Umgangston") auf die bevorstehende Hausgemeinschaft reagiere. Es sei ihr kaum noch möglich, auf Andrea wohlwollend zuzugehen.

Ich empfahl beiden, gemeinsam eine Erziehungsberatungsstelle aufzusuchen. Dort können die Konflikte in regelmäßig stattfindenden Gesprächen aufgearbeitet und Handlungsalternativen erarbeitet werden.

Mutter und Tochter setzten die Empfehlung nicht um. Die Mutter begab sich jedoch in eine therapeutische Behandlung, um dort eigene Probleme aufzuarbeiten.

Andrea suchte Unterstützung in Randgruppen unterschiedlichster Prägung, bei Punks, Sprayern, Grufties. Ihr Schulbesuch wurde unregelmäßiger und sie distanzierte sich von ihrer Mutter sowie von anderen erwachsenen Bezugspersonen.

Kurze Zeit später wurde Andrea bei einer gemeinschaftlichen Straftat ertappt und die Mutter suchte mit ihr den Beratungsdienst der Schule auf. Wieder wurden die gleichen Erziehungsprobleme und Beziehungsschwierigkeiten angesprochen.

Andrea besuchte dann allein eine Erziehungsberatungsstelle. Sie brach die Gespräche dort jedoch ab, weil sie die Unterstützung als unbefriedigend erlebte.

Vier Wochen später lief Andrea von zu Hause fort. Von einigen Jugendlichen aus dem Stadtteil erfuhr ich, wo Andrea sich aufhielt, und ich konnte Kontakt zu ihr aufnehmen.

Es folgte ein weiteres Gespräch zwischen der Mutter, Andrea, der Tutorin und mir, denn auf Grund des unregelmäßigen Schulbesuches von Andrea hatten sich erhebliche Lernlücken eingestellt und der Schulabschluss war gefährdet. Während dieses Gespräches kam es zu einer heftigen Auseinandersetzung zwischen Mutter und Tochter. Wieder wurden die häuslichen Konflikte Gegenstand des Gespräches. Andrea würde sich an keinerlei Abmachungen halten, komme und gehe, wann sie wolle. Andrea erklärte, dass sie nur Abstand zur Mutter brauche, die Mutter solle sie in Ruhe lassen. Andrea wollte über ihr Leben selbst bestimmen und niemand sollte ihr hineinreden.

Angesichts dieser Situation und des Umstandes, dass Mutter und Tochter gemeinsam keine Erziehungsberatungsstelle o. Ä. aufsuchen wollten, bot ich eine regelmäßige Beratung an.

Andrea wollte in einer Jugendwohnung leben. Sie war der Meinung, dass sie hier nicht mit Auflagen konfrontiert würde und ihren Freundeskreis jederzeit besuchen könnte.

In weiteren Gesprächen wurde mir deutlich, dass Andreas Freunde der Drogenszene angehörten und auch Andrea Drogen, nämlich Heroin, nahm.

Die Mutter sah sich außer Stande, auf Andrea einzuwirken, und konnte ihr Verhalten nicht mehr ertragen. Sie stellte bei den Sozialen Diensten einen Antrag auf Hilfe zur Erziehung. Es kam dann wieder zu einer massiven Auseinandersetzung zwischen Mutter und Tochter und die Mutter warf Andrea aus dem Elternhaus.

Als Andrea mir hiervon berichtete, war die Straßensozialarbeiterin (wir treffen uns regelmäßig zum Informationsaustausch) anwesend. Die Straßensozialarbeiterin kannte Andrea aus dem Freizeitbereich und war spontan bereit, Andrea für einige Tage aufzunehmen, um zu vermeiden, dass Andrea dem Kinder- und Jugendnotdienst in dieser Situation zugeführt werden musste.

Der Kinder- und Jugendnotdienst ist eine Einrichtung der Jugendhilfe. Hier können Kinder und Jugendliche vorübergehend eine Unterkunft erhalten, wenn sie sofort aus dem Elternhaus herausgenommen werden müssen oder nicht mehr ins Elternhaus zurückgehen können.

Andrea war dank des Angebotes der Straßensozialarbeiterin sichtlich erleichtert und stimmte dem vorübergehenden Verbleib bei der Straßensozialarbeiterin zu. Telefonisch erklärte die Mutter ebenfalls ihr Einverständnis, denn auch sie hielt eine Unterbringung im Kinder- und Jugendnotdienst für nicht sinnvoll.

Ich informierte die Sozialen Dienste und bat um die Einberufung einer

Soziale Einzelhilfe

Erziehungskonferenz. Erst während Andreas Aufenthalt bei der Straßen-sozialarbeiterin wurde das Ausmaß des Drogenmissbrauchs sichtbar – Andrea war drogenabhängig. Die Straßensozialarbeiterin konnte Andrea nicht länger beherbergen und die Sozialen Dienste verwiesen Andrea an den Kinder- und Jugendnotdienst. Von dort sollte sie in eine Jugend-wohnung vermittelt werden.

Die Straßensozialarbeiterin, die Tutorin und ich befürchteten, dass An-drea vollends in die Drogenszene geraten würde, sollte sie einer Unter-bringung im Kinder- und Jugendnotdienst zustimmen. Der Versuch, An-drea einen Platz in einer Krisenwohnung zu vermitteln, scheiterte an ih-rem Drogenmissbrauch.

Die Tutorin wollte Andrea aufnehmen, bis eine geeignete Unterbringung gefunden war, unter der Voraussetzung, dass Andrea sich zu einem Aus-stieg aus der Drogenszene bereiterklären würde. Umgehend vereinbarten wir ein Gespräch mit der Mutter und Andrea. Gesprächsziel war, Andrea Entscheidungshilfen anzubieten, die ihr einen Ausstieg aus der Drogensze-ne ermöglichten.

Andrea entschied sich für einen Verbleib bei der Tutorin und akzeptierte folgende, hieran geknüpfte Bedingungen:

- Besuch einer Drogenberatungsstelle und eines Allgemeinmedizi-ners,
- sofortiger Abbruch der Kontakte zur Drogenszene,
- keine Einnahme von Drogen (Heroin, Cannabis, Alkohol etc.),
- nur „drogenfreie" Kontakte zu Schülern und Schülerinnen ihrer Klasse,
- regelmäßiger Schulbesuch,
- Planung/Organisation der Freizeit,
- ständige Begleitung und Kontrolle durch „festgelegte" Erwachsene.

Ich informierte die Sozialen Dienste und bat erneut um die zügige Einbe-rufung einer Erziehungskonferenz.

Am nächsten Tag begleitete ich Andrea zu einem mit mir kooperierenden Allgemeinmediziner, der sie untersuchte und davon absah, Andreas Ent-zugserscheinungen medikamentös zu behandeln. Noch am selben Tag suchte Andrea eine Drogenberatungsstelle auf. Der dortige Kollege emp-fahl Andrea, die von uns gesetzten Bedingungen einzuhalten, und bat mich, mit Hilfe des Allgemeinmediziners eine Unterbringung für Andrea im „Come in" zu ermöglichen.

Das „Come in" ist eine Fachklinik für suchtkranke Kinder und Jugendliche im Alter von 12 bis 18 Jahren. Es wurde in Zusammenarbeit mit dem

Verein Therapiehilfe e.V. und der Behörde für Schule, Jugend und Berufsbildung konzipiert, weil ein Mangel an Therapieplätzen für Kinder und Jugendliche im gesamten norddeutschen Raum bestand.

Andrea wurde abwechselnd von den erwachsenen Bezugspersonen im Hause der Tutorin und in der Schule betreut. Nach drei Tagen ging es ihr bereits besser. Sie wirkte ausgeglichener, hatte keine Schweißausbrüche mehr, konnte sich konzentrieren, ruhig sitzen, verspürte seit Langem erstmals ein Hungergefühl und konnte wieder schlafen.

Andrea besuchte die Schule jetzt regelmäßig. Alle Lehrkräfte, die sie unterrichteten, wurden angehalten, sie mit Unterrichtsaufgaben zu konfrontieren, die sie auch bewältigen konnte. Daneben konnte Andrea – nach Rücksprache mit den sie unterrichtenden Lehrkräften und mir – jederzeit in den Beratungsdienst kommen.

Wir setzten unsere Gespräche fort. Mir wurde deutlich, dass Andrea schwerste innere Konflikte belasteten, mit denen sie sich nicht auseinandersetzen wollte oder konnte. Die Straßensozialarbeiterin, die Tutorin und ich vermuteten, dass Andrea in ihrer frühen Kindheit sexuell missbraucht worden war. Wir untermauerten unsere Vermutung mit Andreas heftigen verbalen Aggressionen gegen Lehrer, ihrer vehementen Weigerung, mit dem Freund der Mutter in einem Haushalt zu leben, ihrer Selbstzerstörung durch den Drogenmissbrauch und ihrer enormen Wut auf die Mutter.

Ein Gespräch mit der Mutter ergab, dass die ältere Tochter vom Vater damals sexuell missbraucht worden war. Die Mutter reichte daraufhin die Scheidung ein und wechselte den Wohnort. Die Mutter hielt es für möglich, dass auch Andrea damals von ihrem Vater sexuell missbraucht worden war.

In weiteren Gesprächen erlebte Andrea auch ihre „äußere" Lebenssituation (Mutter, Freunde, Schule) als sehr problematisch.

Es gelang ihr, ihre Lebenssituation in vier Bereiche aufzuteilen, die geklärt werden mussten:
- Wohnen/Finanzen,
- Schule/Arbeit,
- Freizeitgestaltung/Freunde,
- innere Konflikte.

Andrea wurde zunehmend sensibel für die Wechselwirkung zwischen ihren inneren Konflikten und ihren „äußeren" Problemen. Sie definierte ihren ehemaligen Drogenmissbrauch als Vermeidungsstrategie hinsichtlich der Bearbeitung und Bewältigung ihrer inneren Konflikte.

Andrea nahm den Therapieplatz im „Come in" nicht an, sondern suchte eine von mir vermittelte Psychotherapeutin auf, die hauptsächlich sexuell missbrauchte Kinder und Jugendliche behandelt. Die Behandlungskosten übernahm die Krankenkasse. Daneben wollte Andrea ihre Freizeit mit Nachhilfeunterricht sowie sportlichen und musischen Aktivitäten gestalten. Entsprechende (kostenlose) Angebote konnten die Straßensozialarbeiterin und ich ihr vermitteln. Sie setzte fortan diese Aktivitäten in ihrer Freizeit um.

Die Mutter hatte sich in der Zwischenzeit von ihrem Freund getrennt, und Andrea ging zurück ins Elternhaus. Erst jetzt luden uns die Sozialen Dienste zu einer Erziehungskonferenz ein, um deren Einberufung ich vor mehreren Wochen gebeten hatte. Es wurde festgestellt, dass Andrea nicht mehr in einer rund um die Uhr betreuten Wohngruppe untergebracht werden musste, denn sie lebte ja bereits wieder bei der Mutter ...

Andrea erlangte später ihren Schulabschluss und wechselte in eine berufliche Ausbildung.

Zusammenfassung

Diese Fallberichte verdeutlichen, dass ein Kind mit Schulschwierigkeiten Symptome zeigt, die einem Symptomkomplex zuzuordnen sind. Je mehr es gelingt, ein Kind und seine Umwelt kennen zu lernen und wechselseitiges Vertrauen herzustellen, umso wahrscheinlicher ist es, dass der Berater und das Kind die tiefer liegenden Schichten des Problemes erkennen.

Das Zusammenfügen aller beobachteten Symptome und das Erkennen der „Aussage" des Symptomkomplexes lassen Rückschlüsse auf die symptomauslösende(n) Ursache(n) zu und es kann eine Arbeitshypothese formuliert werden.

Erst auf der Grundlage einer solchen Arbeitshypothese ist der Berater im Stande, dem Kind und seiner Umwelt effektive Maßnahmen anzubieten, die sich für die Bearbeitung der symptomauslösende(n) Ursache(n) auch tatsächlich eignen.

Ob die vom Berater vorgeschlagenen Maßnahmen angenommen werden, hängt von vielfältigen Faktoren ab: Problemdauer, Vorgeschichte der Eltern, bereits gesammelte Therapieerfahrungen, Gesprächsbereitschaft, Leidensdruck, Bereitschaft zur Veränderung/Risikobereitschaft, gegenseitiges Vertrauen ...

Ein wesentlicher Faktor ist jedoch, dass der Berater die Entscheidungen seiner Klienten respektiert und nicht versucht, ihnen Entscheidungen vorzuschreiben.

Die Soziale Einzelhilfe ist eine Teamarbeit zwischen Berater und Klient, mit dem Ziel der aktiven Problembewältigung durch den Klienten und des Erwerbs von Handlungsalternativen.

Im übertragenen Sinn lässt sich diese Definition auch auf die Zusammenarbeit im Projekt „Soziales Lernen" anwenden:

Kinder, die im „Sozialen Lernen" Verhaltensauffälligkeiten zeigen, benötigen in der Regel keine so umfassende Soziale Einzelhilfe, wie ich sie in den beiden Fallbeispielen dargestellt habe, denn ein frühzeitiges Eingreifen durch den Berater verhindert eine Festigung des Symptoms „Schulschwierigkeiten", sodass die symptomauslösende(n) Ursache(n) wesentlich leichter zu erkennen sind und diesbezüglich korrigierende Maßnahmen frühzeitig umgesetzt werden können.

Die Folge ist, dass diese Kinder die Schule/den Berater als hilfreichen Partner erleben und nicht als „Gegner", der sie häufig auf Grund ihrer sekundären Schulschwierigkeiten sanktioniert.

Das Gleiche gilt für den Fall, dass die Ursache für das Symptom „Schulschwierigkeiten" in der Schule selbst, in ihrem Interaktionssystem, begründet ist:

Wenn die psychischen und sozialen Bedürfnisse der Schüler weitestgehend unbefriedigt bleiben, weil eine produktorientierte Didaktik und Methodik des Unterrichts diese Bedürfnisse nicht befriedigt, dann werden deshalb bei einigen Kindern Schulschwierigkeiten wie Leistungsversagen, Disziplinprobleme, Schulunlust erzeugt.

Weil im Projekt „Soziales Lernen" ausdrücklich die psychischen und sozialen Bedürfnisse der Kinder Berücksichtigung finden, weisen entsprechend angeleitete (Lern-)Gruppen eine weitaus geringere Anzahl von „Einzelfällen" auf, als es in anderen (Lern-)Gruppen der Fall ist.

Soziale Einzelhilfe und „Soziales Lernen" sind daher für mich seit Langem zu untrennbaren Arbeitsbereichen in der Schulsozialarbeit geworden.

Die vorgestellten Arbeitsbereiche Projekt „Soziales Lernen", Soziometrie und Soziale Einzelhilfe sind auf alle Schulformen und Schulstufen, aber auch auf Kindertageseinrichtungen übertragbar. Ich habe das Projekt „Soziales Lernen" in den Klassenstufen 1 – 9 verschiedener Schulformen (Grundschule, Haupt- und Realschule, Gesamtschule) mit ausgesprochen ermutigenden Erfolgen durchgeführt. Natürlich müssen die gruppendynamischen Übungen dem jeweiligen Entwicklungsstand der Kinder/Jugendlichen angepasst werden.

Etwa ein Drittel meiner gesamten Arbeitszeit verbringe ich im Unterricht, da ich das Projekt „Soziales Lernen" regelmäßig in fünf bis sechs Klassen parallel durchführe (6 x 2 Unterrichtsstunden plus 6 x 1 Koordinationsstunde mit dem jeweiligen Tutor ergeben 18 Unterrichtsstunden/13,5 Zeitstunden pro Woche).

Aus der Sicht einer Schulsozialarbeiterin halte ich die Unterrichtsarbeit im Projekt „Soziales Lernen" für unverzichtbar. Gerade deshalb habe ich Kritik an der gängigen Praxis von Schulsozialarbeit und an den Ausführungen der Bundesarbeitsgemeinschaft der Landesjugendämter zu diesem Thema, die ich abschließend ausführen möchte.

Wilfried Wulfers stellt in seinem Buch „Schulsozialarbeit" zehn Arbeitsformen vor, die sich anhand seiner Recherchen bundesweit in der Praxis der Schulsozialarbeit bewährt haben (S. 62 ff.):

1. Durchführung von Aktionen (Spiel- und Freizeitaktionen für Schüler),
2. Beratung (integrierte Beratungsform in Verbindung mit Eltern, Lehrern und Schülern),
3. berufliche Übergangshilfen (Berufsorientierungs- und Arbeitsfindungshilfen),
4. Fort- und Weiterbildung (Verbesserung der Zusammenarbeit von Schulsozialarbeitern und Lehrern durch gemeinsame Fortbildungsveranstaltungen sowie Verringerung der Schwierigkeiten durch unterschiedliche Ausbildungsvoraussetzungen bei Schulsozialarbeitern),
5. Gruppenarbeit (spezielle Gruppenarbeit mit dem Ziel, Sozial- und Lerndefizite bei Schülern abzubauen),
6. Hausaufgabengruppen (Eckpfeiler der Schulsozialarbeit, mit dem nicht nur schulische Wissenslücken bei den Kindern geschlossen, sondern resignierte Kinder motiviert und psychisch aufgebaut werden),
7. Konferenz- und Planungsarbeit (auf die Neu- und Umgestaltung schulischen Lebens mit schulsozialarbeiterischer Sichtweise einwirken),

8. Mitarbeit im Unterricht (in Zusammenarbeit mit den Lehrern sozial-pädagogisch orientierte Unterrichtsprojekte planen und durchführen sowie außerschulische „Lehr"-Personen, Inhalte und Aktivitäten in die Schule hereinholen),
9. Pausen- und Schülertreffs (Spielangebote und offene sowie themen-zentrierte Gesprächsmöglichkeiten in den Unterrichtspausen und am Nachmittag anbieten),
10. Supervision und Erfahrungsaustausch (Durchführung von Teamgruppensitzungen zur Selbstreflexion und Erarbeitung berufsunterstützender Handlungsmöglichkeiten).

Auffallend an dieser Auflistung ist, dass – mit Ausnahme von Punkt 8 – alle Arbeitsformen außerhalb des Schulunterrichtes angesiedelt sind und Punkt 8, „Mitarbeit im Unterricht", sich lediglich auf die Planung und Durchfüh-rung von Unterrichtsprojekten bezieht. Dass die Hausaufgabenhilfe (Punkt 6) den „Eckpfeiler" der Schulsozialarbeit darstellt, halte ich zumindest für bedenklich, denn auch laut Beschlussvorschlag der Bundes-arbeitsgemeinschaft der Landesjugendämter soll die Hausaufgabenbetreu-ung von der Schule selbst erbracht werden (Bundesarbeitsgemeinschaft der Landesjugendämter, Ad-hoc-Kommission „Jugendhilfe und Schule", Empfehlungen zum Thema „Jugendhilfe und Schule", Vorlage Nr. 678, Seite 16f.).

Die Bundesarbeitsgemeinschaft der Landesjugendämter nennt folgende Arbeitsweisen der Schulsozialarbeit:
⊙ Mitwirkung bei der Unterrichts- und Schulorganisation,
⊙ Einzelfallhilfe und soziale Gruppenarbeit,
⊙ sozialpädagogische Angebote in der außerunterrichtlichen Zeit, z.B. Schülertreffs,
⊙ Hilfen beim Übergang von der Schule in den Beruf,
⊙ Kooperation mit Behörden und Einrichtungen,
⊙ umfeldorientierte Arbeit. (Empfehlungen zum Thema „Jugendhilfe und Schule", Seite 16)

Die Bundesarbeitsgemeinschaft der Landesjugendämter konkretisiert die Arbeitsbereiche in einem Tagesablauf und nennt folgende Tätigkeits-schwerpunkte:

Schlusswort

„Vormittags:

- ⊙ Betreuungsangebot vor Unterrichtsbeginn,
- ⊙ evtl. Frühstück (Mithilfe durch Eltern),
- ⊙ Anwesenheit während der Pausen (Ansprechmöglichkeit),
- ⊙ Einzelbesprechungen mit Lehrern oder Schülern in Hohlstunden (Freistunden, Anm. d. Verfasserin),
- ⊙ auf Wunsch der Lehrer beobachtende Teilnahme am Unterricht, z.B. bei Störungen in der Klassengemeinschaft,
- ⊙ Mitwirkung bei der Unterrichtsgestaltung zu bestimmten Themen oder Gemeinschaftsunternehmungen wie Ausflüge oder Projekttage,
- ⊙ Verwaltungs- und Organisationsaufgaben der Schulsozialarbeit,
- ⊙ Kontakte mit externen Stellen.

Nachmittags:

- ⊙ Betreuung nach Unterrichtsende bzw. in der Mittagspause,
- ⊙ Angebot eines einfachen Mittagessens (unterstützt durch Eltern oder andere Honorarkräfte),
- ⊙ für alle Schüler offene Hobby- und Freizeitangebote (Einbeziehung der Lehrer und Eltern),
- ⊙ sozialpädagogische Gruppenarbeit für bestimmte Schüler,
- ⊙ Sprechstunde für Eltern und Lehrer,
- ⊙ Teilnahme an Fachkonferenzen in der Schule.

Abends:

- ⊙ evtl. Hausbesuche oder Sprechstunden gemeinsam mit Lehrern,
- ⊙ ggf. Teilnahme an Elternabenden,
- ⊙ Veranstaltungen zu Erziehungsfragen.

Selbstverständlich kann dieser gesamte Katalog möglicher Maßnahmen nicht von einem Schulsozialarbeiter alleine angeboten werden. Der Schulsozialarbeiter ist dabei auf die Unterstützung aller Beteiligten angewiesen." (Empfehlungen zum Thema „Jugendhilfe und Schule", Seite 16f.)

Die Aufgabenbestimmung der Schulsozialarbeit von Wilfried Wulfers und der Bundesarbeitsgemeinschaft der Landesjugendämter zeigt, dass weder die angeblich in der Praxis bewährten Arbeitsbereiche noch die für die Praxis vorgeschlagenen Tätigkeitsschwerpunkte eine fachkompetente Ergänzung in der Unterrichtsarbeit (Didaktik/Methodik) beinhalten.

Demnach soll Schulsozialarbeit außerhalb des Unterrichts alles tun, um Schülern zu einem optimalen Bildungserfolg zu verhelfen und um Schüler vor Schulversagen zu bewahren.

Diese Sichtweise ist nach meinen Praxiserfahrungen mit der Annahme vergleichbar, dass eine entzündete Wunde schon irgendwie verheilen werde, wenn man nur ein Pflaster draufklebt. Das ist zumeist ein folgenschwerer Irrtum. Schulsozialarbeit muss sich (neben anderen Arbeitsbereichen) im Unterrichtsalltag der Lehrer dergestalt einbringen, dass sie ihr Know-how über gruppendynamische Prozesse und deren Steuerung zur Verfügung stellt.

Meine Forderung für die Schulsozialarbeit und die Schulpädagogik lautet deshalb: Das Projekt „Soziales Lernen" muss ein fester Bestandteil des Unterrichts an allen Schulen werden. Erst wenn die Lehrer/Erziehungspersonen zu einer veränderten Sicht- und Arbeitsweise gelangen – und das geschieht nachweislich durch die Zusammenarbeit im Projekt „Soziales Lernen" – besteht insbesondere für die Schülerschaft die Chance, von einer Reform der Schule im Sinne einer Humanisierung und Demokratisierung zu profitieren.

Fragebogen zum Kennenlernen

Name: _____   Datum: _____

1. Ein Kind, das die gleichen Sportarten mag wie ich, heißt:

   _____

2. Ein Kind, dessen Vorname mit dem gleichen Buchstaben anfängt wie der meine, heißt:

   _____

3. Ein Kind mit der gleichen Haarfarbe wie ich heißt:

   _____

4. Ein Kind, das ganz in meiner Nähe wohnt, heißt:

   _____

5. Ein Kind mit der gleichen Augenfarbe wie ich heißt:

   _____

6. Ein Kind, das kleiner ist als ich, heißt:

   _____

7. Ein Kind, das im gleichen Monat geboren ist wie ich, heißt:

   _____

8. Ein Kind, das die gleiche Fernsehsendung mag wie ich, heißt:

   _____

9. Ein Kind mit dem gleichen Hobby wie ich heißt:

   _____

10. Ein Kind, das gern zur Schule geht, heißt:

    _____

11. Ein Kind, das ich besser kennen lernen möchte, heißt:

    _____

12. Ein Kind, das ich sofort mochte, als ich es kennen lernte, heißt:

    _____

13. Ein Kind, das genauso viele Geschwister hat wie ich, heißt:

    _____

© Verlag an der Ruhr, Postfach 10 22 51, 45422 Mülheim an der Ruhr – Projekt „Soziales Lernen"

Angefangene Sätze

Name: _____ Datum: _____

1. Ich mag …

2. Manchmal wünsche ich mir, dass …

3. Wenn ich eine schlechte Zensur bekomme, …

4. Ich kann nicht …

5. Als ich jünger war, …

6. Die meisten Leute, die ich kenne, …

7. Ich möchte unbedingt wissen, …

8. Wenn ich in eine neue Klasse hineinkomme, …

9. Ich bereue, …

10. Mein Ziel ist …

11. Ich habe Angst …

12. Ich bin stolz, wenn …

13. Etwas Schönes, was mir neulich passiert ist, war …

© Verlag an der Ruhr, Postfach 10 22 51, 45422 Mülheim an der Ruhr – Projekt „Soziales Lernen"

Karteikarten:

1. Karte

Herr Professor Lange ist Chefarzt eines großen Krankenhauses in Hamburg.

2. Karte

Seit ca. einem Jahr kommen Patienten in sein Krankenhaus, die an einer seltsamen Krankheit leiden – sie werden immer kleiner!

3. Karte

Herr Lange schließt sich mit einigen anderen Ärzten zusammen, um herauszufinden, welcher Virus diese Krankheit verursacht.

4. Karte

Nach etwa fünf Jahren, es ist bereits das Jahr 1990, macht das Forscherteam eine entscheidende Entdeckung.

5. Karte

Die Ursache für die seltsame Krankheit wurde gefunden. Der Virus heißt „Mollekul" und wird durch Autoabgase übertragen.

6. Karte

Das Forscherteam macht sich an die Arbeit, um ein Medikament zu entwickeln, mit dem die Mollekulkrankheit bekämpft werden kann.

7. Karte

Nach weiteren drei Jahren und zahllosen Versuchen stellt das Forscherteam dem Bundesgesundheitsamt das Medikament „Molltabletten" vor.

8. Karte

Die „Molltabletten" stoppen das Kleinerwerden und führen bei regelmäßiger Einnahme zu einem norma-len Wachstum.

9. Karte

Die „Molltabletten" können bei Säuglingen und Kleinkindern bewir-ken, dass diese später laufen lernen als jene Kinder, die diese Tablet-ten nicht einnehmen.

10. Karte

Die „Molltabletten" können Haarausfall und Magenkrämpfe bewirken.

11. Karte

Bei langer Einnahme der „Molltabletten" kommt es zu einer Schwächung des Hörorganes.

12. Karte

Eure Arbeitsgruppe ist der Ausschuss im Bundesge-sundheitsamt, der über den Verkauf des Medika-mentes „Molltabletten" entscheiden soll.

13. Karte

1. Soll das Medikament „Molltabletten" in großer Menge hergestellt und verkauft werden oder habt ihr noch andere Ideen? Eure Ideen müssen auch im praktischen Leben anwendbar sein.

2. Wann trat die Mollekulkrankheit erstmals auf?

3. Wann stellte das Forscherteam dem Bun-desgesundheitsamt das Medikament „Moll-tabletten" vor?

Die Antworten müsst ihr auf einen Extra-Zettel schreiben !!!

© PIB Copenhagen

Bastelanleitung für Postfächer

(DIN-A4, Buntkarton)

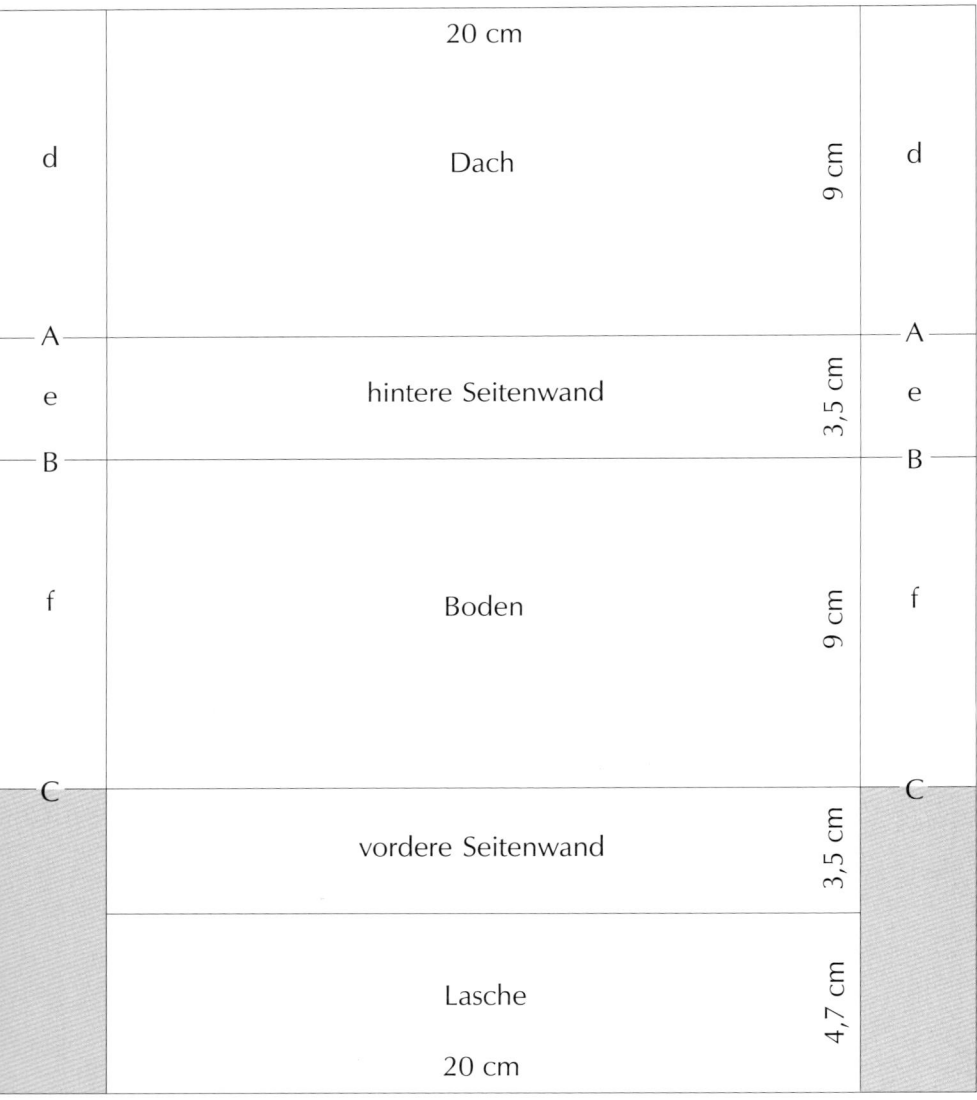

20 cm

d	Dach
	9 cm
d	

A ———————————————————— A

e | hintere Seitenwand | 3,5 cm | e

B ———————————————————— B

f | Boden | 9 cm | f

C ———————————————————— C

vordere Seitenwand | 3,5 cm

Lasche | 4,7 cm

20 cm

A, B, C je 3 cm einschneiden, schraffierte Felder herausschneiden, auf den Linien den Buntkarton nach innen falzen, Seitenteile d, e, f zusammenkleben, Lasche in das Postfach (unter das Dach) schieben, vordere Seitenwand mit Namen versehen.

© Verlag an der Ruhr, Postfach 10 22 51, 45422 Mülheim an der Ruhr – Projekt „Soziales Lernen"

Fragebogen

Name: _____ Klasse: _____ Datum: _____

1. Neben wem möchtest du gerne sitzen?

2. Mit wem möchtest du am liebsten in einer Sportgruppe sein?

3. Mit wem möchtest du gerne Schularbeiten machen?

4. Mit wem möchtest du am liebsten eine Ferienreise machen?

5. Mit wem möchtest du dich gerne auf eine Mathearbeit vorbereiten?

6. Wen möchtest du am liebsten zu deinem Geburtstag einladen?

7. Wen würdest du am liebsten zum Klassensprecher wählen?

8. Wer dürfte dein Tagebuch lesen? (Wenn du kein Tagebuch führst, kannst du gleich die nächste Frage beantworten.)

8a. Wer dürfte deine Briefe (z.B. Liebesbriefe) lesen?

9. Neben wem möchtest du nicht so gerne sitzen?

10. Mit wem möchtest du nicht so gerne in einer Sportgruppe sein?

11. Mit wem möchtest du nicht so gerne Schularbeiten machen?

12. Mit wem möchtest du nicht so gerne eine Ferienreise machen?

13. Mit wem möchtest du nicht so gerne eine Mathearbeit vorbereiten?

14. Wen möchtest du nicht so gerne zu deinem Geburtstag einladen?

15. Wen möchtest du nicht so gerne zum Klassensprecher wählen?

16. Wem würdest du nicht so gerne dein Tagebuch zeigen?

16a. Wem würdest du nicht so gerne deine Briefe (z.B. Liebesbriefe) zeigen?

Soziomatrix
(Bitte 1. und 2. Teil anfertigen und zusammenfügen)

1. Teil
(DIN-A3-Blatt)

Gewählte	Wähler					Umfang des pos. SI neg. SI					
	George	Simon	Gina	Corinna	usw.	1	2	3	1	2	3
George											
Simon											
Gina											
Corinna											
Olaf											
Thomas											
Manuela											
Ria											
Trixi											
Kapazität pos.											
neg.											
Total											

2. Teil
(DIN-A3-Blatt)

Umfang des sozialen Interesses											
pos. St.			neg. St.			Total			Rangplatz pos. St.	Total		Total	Rang- platz insg.	Vpn
1	2	3	1	2	3	1	2	3		pos. St.	neg. St.		

© Verlag an der Ruhr, Postfach 10 22 51, 45422 Mülheim an der Ruhr – Projekt „Soziales Lernen"